气候变化背景下的
能源效率
法律规制

Energy Efficiency Legal Regulation

on the Background of Climate Change

邵道萍◎著

中国法制出版社

CHINA LEGAL PUBLISHING HOUSE

目　录

导　　论

一、选题的背景和意义

（一）选题背景

"气候变化并非一个简单的环境问题，不仅对国际安全、和平与发展产生威胁，而且还对全球经济与未来的繁荣产生深远影响。"[1] 2015 年 11 月 30 日至 12 月 11 日，在法国首都巴黎召开了巴黎气候大会，各国认识到气候变化对人类社会和地球构成了紧迫的可能无法逆转的威胁，气候变化已成为人类共同关注的重要问题。

政府间气候变化专门委员会历次报告显示，人类活动对气候变化具有明显影响。2013 年，政府间气候变化专门委员会第五次评估报告明确指出，大气中温室气体浓度上升的主因是人类使用化石燃料和开发利用土地。[2] 2021 年，政府间气候变化第六次评估报告显示，2019 年，大气二氧化碳浓度高于至少 200 万年以来的任何时候，甲烷和一氧化二氮浓度高于至少 80 万年以来的任何时候，可观测到的热浪、强降水、干旱和热带气旋等极端气候变化的证据，特别

---

[1]　UK DEPARTMENT OF TRADE AND INDUSTRY, MEETING THE ENERGY CHALLENGE: A WHITE PAPER ON ENERGY May 2007, at https: //assets. publishing. service. gov. uk/government/uploads/system/uploads/attachment_ data/file/243268/7124. pdf (Last visited on July 20, 2022)。

[2]　参见联合国政府间气候变化专门委员会：《人类致气候变化可能性超 95%》，http: //world. people. com. cn/n/2013/0927/c157278-23063618. html，最后访问时间：2022 年 6 月 12 日。

是人类影响造成的极端气候变化的证据有所加强，气候变化已经影响到全球每一个有人居住的地区，人类的影响促成了许多已观察到的天气和气候极端变化。[1] 可见，人类活动向大气中排放过量温室气体，使温室气体浓度急剧增加，引发气候变化，这在很大程度上源于化石燃料的大规模使用。

诚然，在人类经济社会发展进程中，规模化大生产需要能源作为基础物质保障。[2] 但是，人类在能源的开发利用中，以二氧化碳的形式把化石能源中的碳排放出来，造成了严重的环境负外部效应，给整个地球生态环境造成了威胁，严重影响到人类自身的生存与发展，成为人类可持续发展的障碍。因此，为保障人类可持续发展，必须积极有效应对气候变化。由于大规模化石能源利用导致的人为二氧化碳等温室气体排放是引发气候变化的主因，故控制能源消费的二氧化碳排放成为应对气候变化的核心问题。[3]

对我国而言，减少能源消费的二氧化碳排放主要面临以下问题：第一，目前我国使用的主要能源包括薪柴、煤炭、石油、天然气等，而对这些燃料的使用会产生大量的二氧化碳；第二，化石能源仍将长期在我国能源消费结构中占据主导地位；第三，在我国"多煤、贫油、少气"的能源结构下，调整能源结构、降低高碳能源消费占比，需要一个长期的过程；第四，清洁能源和可替代能源的开发利用也需要一个长期的过程。

当前，在全球层面已经达成一个共识，即提高能源效率是减少化石能源使用的最有效和最具成本效益的途径之一，也成为应对气候变化最具成本效益的途径之一。美国能源部认为，提高能源效率是美国能源战略的重要组成部分。[4] 欧盟委员会认为，能源效率是提高能源供应安全最具成本效益的方法之一，因

---

① 参见 IPCC, CLIMATE CHANGE 2021: THE PHYSICAL SCIENCE BASIS, at https://www.ipcc.ch/report/ar6/wg1/downloads/report/IPCC_ AR6_ WGI_ SPM. pdf（Last visited on July 1, 2022）。

② 参见肖国兴：《能源效率与法律制度的理性选择》，载《环境保护》2005 年第 12 期。

③ 参见何建坤：《推动能源革命，强化应对气候变化行动》，载《人民日报》2015 年 9 月 29 日，第 22 版。

④ 参见胡德胜著：《美国能源法律与政策》，郑州大学出版社 2010 年版，第 195 页。

而能源效率被视为欧洲最大的能源资源。[①] 据 2021 年统计数据显示，2012 年以来我国单位国内生产总值能耗累计降低 24.6%[②]，但我国能源效率水平仍有待进一步提高。鉴于长期以来粗放式的能源生产和消费方式，使我国能源利用效率普遍较低，"高能耗、低能效、高污染"的问题突出，提高能源效率的潜力相当巨大。而且，在控制温室气体排放"量"的路径选择上，相比总量控制、浓度控制、税费控制等而言，能源效率更有内生优势，更易实现减排温室气体以及促进经济、社会的可持续发展的目标。可见，对我国而言，在当前对化石能源的依赖性难以降低、不得不继续使用化石燃料的情形下，通过提高能源效率，改变传统的粗放式的能源生产和消费方式，以减少温室气体排放，是最为务实、最为迫切的温室气体减量排放途径。

不容否认，气候变化已成为人类社会可持续发展所面临的巨大挑战。对我国而言，更是如此。2013 年我国煤炭消费量为 36.1 亿吨，占世界煤炭消费总量的 49.3%，换言之，我国煤炭消费量是全世界其他国家的总和。[③] 并且，预测表明，到 2025—2030 年我国的二氧化碳排放总量很可能超过美国，而居世界第一位。[④] 在国际气候变化应对的合作中，我国一直扮演着积极角色，并用自己的实际行动展现出一个负责任大国的担当。2015 年，我国在巴黎气候大会上提出：到 2030 年左右使二氧化碳排放达到峰值并争取尽早实现，2030 年单位国内生产总值二氧化碳排放比 2005 年下降 60%—65%，非化石能源占一次能源比重达 20% 左右。[⑤] 2020 年 9 月 22 日，中国国家主席习近平在第七十五届联合国大会一般性辩论上郑重宣示：中国将提高国家自主贡献力度，采取更加有力的政

① 参见 Communication from the commission to the European Parliament, the Council, the European Economic and Social Committee and the Committee of the Regions Energy Efficiency Plan 2011, COM（2011）109 final, Brussels, 8. 3. 2011。

② 参见丁怡婷：《单位 GDP 能耗降低 13.5%——加快形成能源节约型社会》，载《人民日报》2021 年 8 月 10 日，第 2 版。

③ 参见林伯强主编：《中国能源发展报告 2014》，北京大学出版社 2015 年版，第 3 页。

④ 参见庄贵阳、陈迎著：《国际气候制度与中国》，世界知识出版社 2005 年版，第 265 页。

⑤ 参见习近平：《携手构建合作共赢、公平合理的气候变化治理机制》，载《人民日报》2015 年 12 月 1 日，第 2 版。

策和措施，二氧化碳排放力争于 2030 年前达到峰值，努力争取 2060 年前实现碳中和。[①] 要实现这些目标，并不能一蹴而就，必将是一个循序渐进的过程，涉及我国能源生产和消费的各个领域。为此，我们必须运用强制性、普遍性、稳定性的法律手段，充分发挥法律的规制作用，确保实现能源效率的提高、降低能源利用中温室气体排放。因此，为有效应对气候变化，我国迫切需要建立严格高效的能源效率法律规制体系。

(二) 选题意义

提高能源效率是破解气候变化应对难题的理性选择，是我国推进生态文明建设的迫切需要。在当前对化石能源依赖性难以降低、能源效率整体偏低、不得不继续使用化石燃料的情形下，通过提高能源效率，减少温室气体排放，是最为务实、最为迫切的温室气体减排途径。

然而，我国学界从法学视角对能源效率问题的研究不足，没有形成系统、完整的能源效率法律规制理论体系。本选题研究将从能源法和环境法的部门法交叉视角，对气候变化背景下的能源效率法律规制进行有益探讨，具有一定的理论前瞻性和研究价值。同时本书探讨了气候变化背景下能源效率法律规制的原则和思路，构建了市场激励、政府管制、社会调整的"三位一体"能源效率法律规制模式，为更好地提高能源效率，降低对化石能源的依赖，降低当前传统化石能源对健康和环境的损害，有效应对气候变化，保障环境安全，实现"美丽中国"提供智力支持。

二、研究现状

(一) 国外研究现状

自 20 世纪 70 年代世界能源危机以来，能源效率成为世界各国能源战略的

---

① 参见中华人民共和国国务院新闻办公室：《中国应对气候变化的政策与行动》，载《人民日报》2021 年 10 月 28 日，第 14 版。

重要组成部分。国外对能源效率法律规制的相关研究主要集中在以下三个方面：

1. 对能源效率问题的研究

默里·G. 帕特森（Murray G. Patterson）基于对传统意义上能源效率内涵的理解，从热力学、经济学等多学科视角界定了能源效率的内涵，并总结了能源效率的计量方法。[①] Edan Rotenberg 认为能源效率措施无论是在受管制的市场还是在解除管制的市场，都可以是纠正市场失灵和实现环境目标的有效工具。[②] 大卫·尼科尔斯（David Nichols）分析了促进能源效率提高的政策和立法，提出了对能源效率产生重大影响的监管政策和干预措施。[③] 尼尔·佩雷茨（Neil Peretz）认为对能源效率投资可以提供一个充满希望的金融市场。[④] 伊内斯·哈特尔（Ines Härtel）认为提高能源效率并进一步节约能源是最清洁、最廉价和最安全的能源来源。[⑤]

2. 对能源效率法律制度的研究

国外学者在研究能源效率法律制度的原则、模式和具体制度时，往往基于不同的法律传统对能源效率法律制度作出不同的选择。如诺亚·M. 萨克斯（Noah M. Sachs）认为能源产品标准的设定往往优于非监管工具，如标识制度、总量控制制度和交易制度[⑥]；约翰·C. 德恩巴赫（John C. Derbnbach）等认为能源效率和节能是新的法律工具和机会[⑦]；斯图尔特·布鲁斯（Stuart Bruce）

---

① 参见 Murray G. Patterson, "What is energy efficiency? Concepts, indicators and methodological issues", 24 *Energy Policy*, 377-390（1996）。

② 参见 Edan Rotenberg, "Energy Efficiency in Regulated and Deregulated Markets", 24 *UCLA Journal of Environmental Law and Policy*, 259-304（2006）。

③ 参见 David Nichols, "The Role of Regulators: Energy Efficiency", 18 *Pace Environmental Law Review*, 295-380（2000-2001）。

④ 参见 Neil Peretz, "Growing the Energy Efficiency Market through Third-Party Financing", 30 *Energy Law Journal*, 377-404（2009）。

⑤ 参见 Ines Härtel:《能源效率法——一个新兴法学学科的演进》，赵鑫鑫译，载《中国政法大学学报》2012 年第 6 期。

⑥ 参见 Noah M. Sachs, "Can We Regulate Our Way to Energy Efficiency? Product Standards as Climate Policy", 65 *Vanderbilt Law Review*, 1631-1678（2012）。

⑦ 参见 John C. Derbnbach, Robert B. Mckinstry, Jr., and Darin Lower, "Energy Efficiency and Conservation: New Legal Tools and Opportunities", 25 *Natural Resources & Environment*, 7-11（2010-2011）。

考察了澳大利亚的能源效率立法和监管框架，提出能源效率立法是一种减缓气候变化的低成本方法，能源效率立法和可持续能源政策的发展受到国际法原则的积极影响，能源效率的提高需要联邦和州政府的合作与协调，以及相关法律的协调。① 理查德·L. 奥廷格（Richard L. Ottinger）等探讨了促进可更新能源资源能源效率的法律机制，提出了对家用电器、照明、密封措施、工业、热电联产（热电）、交通工具等提高能源效率的措施。②

3. 对能源与气候变化的法律控制的研究

国外学者在对能源与气候变化的法律控制的研究中，也在不同程度上重视到能源效率问题。阿德里安·J. 布拉德布鲁克（Adrian J. Bradbrook）提出提高能源效率和可再生能源技术国际协定的发展能够减少由于能源使用而产生的大气碳排放。③ 卡尔森·A.E（Carlson A. E）认为应对气候变化需要各部门和政府各层面的监管创新，从城市到各州，从联邦政府到国际组织；虽然家用电器的能耗监管是一个在很大程度上没有学术关注的领域，然而它拥有重要的、成本少的碳减排前景。④ 约翰·C. 德恩巴赫、小罗伯特·B. 麦金斯特里（Robert B. McKinstry Jr.）和达里安·洛厄（Darin Lower）提出在美国努力减少温室气体排放和放弃对进口化石能源的依赖的过程中，能源效率和节能措施是最容易实现目标的工具。⑤

---

① 参见 Stuart Bruce, "Climate Change Mitigation through Energy Efficiency Law: From International Obligation to Domestic Regulation", *31 Journal of Energy & Natural Resource Law*, 313-350 (2013)。

② 参见 Richard L. Ottinger and Fred Zalcman, "Legal measures to promote renewable and energy efficiency resources", in Adrian J. Bradrook and Richard L. Ottinger (eds.), *Energy Law and Sustainable Development*, Gland, Switzerland Cambridge, UK: International Union for Conservation of Nature and Natural Resources, 2003, pp. 79-114。

③ 参见 Adrian J. Bradbrook, "The Development of a Protocol on Energy Efficiency and Renewable Energy to the United Nations Framework Convention on Climate Change", *5 New Zealand Journal of Environmental Law*, 55-90 (2001)。

④ 参见 ANN E. Carlson, "Energy Efficiency and Federalism", *1 San Diego Journal of Climate & Energy Law*, 11-22 (2009)。

⑤ 参见 John C. Derbnbach, Robert B. Mckinstry, Jr., and Darin Lower, "Energy Efficiency and Conservation: New Legal Tools and Opportunities", *25 Natural Resources & Environment*, 7-11 (2010-2011)。

（二）国内研究现状

国内从 20 世纪 90 年代中后期开始关注能源效率的研究。学者从法学视角对能源效率问题的研究相对滞后，直接针对能源效率问题的理论研究成果尚不多见，但相关研究成果较为丰富，主要表现在以下几个方面：

1. 对我国节能减排制度的研究

吴黎静分析了我国《节约能源法》的不足，提出应从立法定位、制度设计、监管方式等方面进行完善。[①] 曹明德和刘明明指出要在能源、经济、环境综合决策的理念下，构建可以使政府、市场和社会三者联动的节能减排法律制度。[②] 蔡守秋提出中国的节能减排制度是一项适合中国国情的"善治"和"社会管理创新"的成果。[③] 肖国兴认为节能减排需要政府，更需要市场，从政府强制到产权交易是节能减排从政策走向经济的必由之路。[④] 莫神星从节能减排的视角对我国节能减排长效机制进行法律与制度深入研究。[⑤] 龚向前从能源法角度对气候变化问题进行了研究。[⑥] 杜群和张琪静认为节能减排是我国现阶段缺乏温室气体控制自主规制时的有效依赖路径，但非最优选择，在《巴黎协定》后，我国有必要在节能减排协同功能增进的基础上，主动推动温室气体控制向自主控制的直接规制模式转变。[⑦]

2. 对国外能源效率立法的研究

王晓冬介绍了美国《能源政策法案》，对该法案有关能源效率的内容条款

① 参见吴黎静：《国外节能立法与我国〈节约能源法〉的完善》，载《福建法学》2006 年第 1 期。

② 参见曹明德、刘明明：《节能减排的法律对策思考》，载《清华法治论衡》2010 年第 1 期。

③ 参见蔡守秋：《论中国的节能减排制度》，载《江苏大学学报（社会科学版）》2012 年第 3 期。

④ 参见肖国兴：《论中国的节能减排制度的法律路径》，载《郑州大学学报（哲学社会科学版）》2010 年第 6 期。

⑤ 参见莫神星著：《节能减排机制法律政策研究》，中国时代经济出版社 2008 年版，第 1—211 页。

⑥ 参见龚向前著：《气候变化背景下能源法的变革》，中国民主法制出版社 2008 年版，第 1—257 页。

⑦ 参见杜群、张琪静：《〈巴黎协定〉后我国温室气体控制规制模式的转变及法律对策》，载《中国地质大学学报（社会科学版）》2021 年第 1 期。

进行了介绍和评析。[①] 赵庆寺考察了美国能源立法，认为其基本原则包括能源效率优先[②]。程荃[③]和赵浩君[④]分别介绍了欧盟 2011 年节能与能效立法措施以及《能源效率行动计划》，分析其提高能源效率的政策、措施及对我国的借鉴意义。吴志忠分析了日本的能源安全法律政策，提出应把节约和提高能源利用效率置于我国能源发展的重要位置。[⑤] 温建中分析了日本能源环保政策的成功经验及启示，提出日本提高能源效率，减少温室气体排放，并不断优化能源结构是其解决能源环保问题的重要经验之一。[⑥] 苏苗罕考察了美国联邦政府的"全方位能源战略"，对该战略中的能源效率措施进行了分析。[⑦]

3. 对我国能源效率立法的研究

肖国兴提出《能源法》的制度选择应以市场规则与技术规范的契合，进而将能源效率与法律效率契合作为出发点。[⑧] 李艳芳提出提高效益、厉行节约、降低消耗应成为我国《能源法》的一项立法目标。[⑨] 高利红和程芳提出我国能源安全环境立法，应本着平等、安全和人本化的理念，以能源节约制度和能源生态补偿制度等为核心制度，构建我国环境安全保障法律体系，以提高能源利用效率。[⑩] 陈明生研究了征收碳税对能源效率提高的作用机制，认为碳税征收会推动重工业产业内部结构调整变化，提高产业集中度，从而提高能源效率。[⑪]

---

① 参见王晓冬：《能源效率之立法促进：美国的实践》，载《前沿》2008 年第 10 期。

② 参见赵庆寺著：《美国能源法律政策与能源安全》，北京大学出版社 2012 年版，第 107—109 页。

③ 参见程荃：《新能源视角下欧盟 2011 年节能与能效立法措施评析》，载《湖南师范大学社会科学学报》2012 年第 4 期。

④ 参见赵浩君：《欧盟〈能源效率行动计划〉探析》，载《华北电力大学学报（社会科学版）》2007 年第 4 期。

⑤ 参见吴志忠：《日本能源安全的政策、法律及其对中国的启示》，载《法学评论》2008 年第 3 期。

⑥ 参见温建中：《日本能源环保政策的成功经验及启示》，载《现代管理科学》2016 年第 3 期。

⑦ 参见苏苗罕：《美国联邦政府"全方位能源战略"评述》，载《中共浙江省委党校学报》2017 年第 5 期。

⑧ 参见肖国兴：《能源效率与法律制度的理性选择》，载《环境保护》2005 年第 12 期。

⑨ 参见李艳芳：《论我国〈能源法〉的制定——兼评〈中华人民共和国能源法〉（征求意见稿）》，载《法学家》2008 年第 2 期。

⑩ 参见高利红、程芳：《我国能源安全环境保障法律体系：理念与制度》，载《公民与法（法学）》2011 年第 2 期。

⑪ 参见陈明生：《碳税征收提高能源效率的作用机制研究》，载《中国政法大学学报》2017 年第 5 期。

陈倩提出我国能源法的立法目的不仅取决于能源法律的位阶，而且必须以实现"双碳"目标为价值指引。[1]

4. 对能源效率相关法律制度的研究

朱晓勤分析了欧美和我国能效标识制度的概况，提出我国需要从强化制造商的诚信责任，健全政府抽查制度，完善社会监督体系等方面完善能效标识制度。[2] 曹明德和马洪超指出合同能源管理（EPC）是我国现在正在推广实施的节能管理方式之一，应当改进相应的法律政策，制定强制性的环保标准，建立公正权威的节能量认证机构，推进 EPC 项目融资，并与碳交易相融合。[3] 张玉东和刘东晓以山东省能源管理案件为视角，提出合同能源管理项目的实现仍需依靠政府和市场主体共同的力量，政府可以强制信誉度高的公共机构利用合同能源管理方式节能，也可以利用大数据筛选较高信用的用能单位为市场提供参考，并适当调整激励措施。[4] 赵宝庆和袁钰姣在分析能效监管的现实意义的同时，简要指出了能效监管法律制度的现状及存在的问题。[5] 文绪武通过运用实证研究和法经济学的分析方法，分析了节能自愿协议实施中存在的缺陷，提出应用市场化机制实现节能减排目标。[6] 桑东莉指出如今关于能源效率的探讨主要集中于同碳排放有关的全球变暖问题及能源安全问题。[7] 杜群和王利对国外能源环保的碳标识制度进行比较分析，并在对国外经验总结的基础上，提出我国实施碳标识制度的策略选择。[8]

---

① 参见陈倩：《论我国能源法的立法目的——兼评 2020 年〈能源法（征求意见稿）〉第一条》，载《中国环境管理》2022 年第 1 期。

② 参见朱晓勤：《我国能效标识制度：反思与借鉴》，载《中国青年政治学院学报》2008 年第 1 期。

③ 参见曹明德、马洪超：《中国合同能源管理的法律与政策分析》，载《华东政法大学学报》2011 年第 6 期。

④ 参见张玉东、刘东晓：《合同能源管理的实践检视与路径优化——以山东省能源管理合同案件为视角》，载《山东社会科学》2020 年第 7 期。

⑤ 参见赵宝庆、袁钰姣：《我国能效监管法律制度的现状及问题分析》，载《华北电力大学学报（社会科学版）》2011 年第 4 期。

⑥ 参见文绪武：《节能自愿协议：调查与法经济学分析》，载《上海节能》2012 年第 1 期。

⑦ 参见桑东莉著：《气候变化与能源政策法律制度比较研究》，法律出版社 2013 年版，第 95 页。

⑧ 参见杜群、王利著：《能源政策与法律——国别和制度比较》，武汉大学出版社 2014 年版，第 552—574 页。

5. 针对能源利用引起的气候变化的制度研究

秦天宝提出在建设节约型社会的过程中，通过法律手段来确保能源与资源的节约和有效利用。[①] 杨兴和刘最跃提出将国外所普遍确立的有助于实现温室气体排放控制的制度确立为我国气候变化立法的基本制度，如交通能源效率利用制度、家用电器的能效标识制度等。[②] 于文轩提出在应对气候变化背景下，应完善石油天然气法规体系。[③] 龚向前提出气候变化背景下能源法变革的最重要方面是能源效率，并指出能源效率法律政策的基本理念、手段和策略。[④] 吕江指出在气候变化背景下，中国"安全低碳"的能源体系应形成规模与效率并重的国内政策导向，并善于运用各种国际能源气候制度安排。[⑤] 余耀军认为中国应对气候变化的法律体系塑造目标旨在履行减排国际义务和实现碳减排目标。[⑥] 梁平和潘帅建议尽快制定混合型的《应对气候变化法》，作为低碳法律体系的政策性、基础性法律，并以此为依据修订完善相关法律法规，建立高层次、跨部门的管理机构推进具体制度实施，为气候变化应对和碳中和愿景提供法治保障。[⑦]

可见，国内外研究成果丰富，为本书的研究奠定了坚实的理论基础。通过比较，不难发现两者的不同点：第一，关注点存在差异。国外更多关注能源效率立法及政策的研究，国内则很少关注能源效率立法、政策及能源效率相关法律制度的研究。第二，研究视角和深度存在差异。国外学者对能源效率法律制

[①] 参见秦天宝：《我国环境保护的国际法律问题研究——以气候变化问题为例》，载《世界经济与政治论坛》2006年第2期。

[②] 参见杨兴、刘最跃：《我国气候变化立法的缺陷及其对策分析》，载《时代法学》2006年第2期。

[③] 参见于文轩著：《石油天然气法研究：以应对气候变化为背景》，中国政法大学出版社2014年版，第105—110页。

[④] 参见龚向前著：《气候变化背景下能源法的变革》，中国民主法制出版社2008年版，第163—164页。

[⑤] 参见吕江著：《气候变化与能源转型：一种法律的语境范式》，法律出版社2013年版，第216—218页。

[⑥] 参见余耀军：《"双碳"目标下中国气候变化立法的双阶体系构造》，载《中国人口·资源与环境》2022年第1期。

[⑦] 参见梁平、潘帅：《"碳中和"愿景下应对气候变化法律体系的完善》，载《重庆社会科学》2022年第4期。

度的研究往往基于不同的能源战略要求和法律传统，采取不同的视角，且有大量的实证研究；国内对能源效率法律制度的研究凤毛麟角，且主要是规范分析。第三，关注度存在差异。国内从其他学科视角对能源效率的研究较为多见，但从法学视角对能源效率的研究不足，还缺乏系统的研究和有价值的成果；国外则更加关注从保障能源效率提高这一视角研究能源效率相关立法和制度，很少从经济、能源、环境协调发展的整体视角关注能源效率法律规制问题的研究。但总体而言，国内外研究成果并没有将对能源效率的研究与气候变化应对很好地结合起来。

毋庸置疑，无论是能源法律制度的创新，还是气候变化法律政策研究，本身都是非常庞大的命题，解读视角也必然是多元的，但是，研究气候变化应对必须牢牢抓住能源效率这一关键点，将能源效率问题和气候变化应对紧密结合起来。因为能源效率的提高与气候变化应对密切相关。能源效率的提高能够有效减少能源利用过程中温室气体的排放，而温室气体排放是导致气候变化的主要原因。

三、研究思路和方法

（一）研究思路

本书首先分析了气候变化与能源效率以及气候变化和能源效率法律规制的内在关联，然后从伦理学、法哲学和经济学等理论和现实层面探讨气候变化背景下能源效率法律规制的正当性与合理性，并在对我国能源效率状况及法律规制实践进行实证分析的基础上，借鉴国外能源效率法律规制的成功经验，运用能源效率法律规制的基本理论，探讨适合我国国情的"应然"的气候变化背景下能源效率法律规制的原则、思路和模式，从而构建"三位一体"的气候变化背景下能源效率法律规制的具体方案。

（二）研究方法

本书以法学视角为核心，从伦理学、法哲学、经济学、环境科学和能源科学等多学科角度出发，综合运用比较分析法、实证分析法、博弈理论分析法和交叉学科综合分析法等多种研究方法。

1. 比较分析法

运用比较分析的方法分析欧盟、美国和日本等典型国家和地区能源效率法律规制的理论与实践，在此基础上通过原理分析、规范分析、系统分析、比较分析进行理论概括，借鉴其符合我国国情的法律措施和制度，从而为我国能源效率法律规制提供方法论和实例参考。

2. 实证分析法

通过对我国气候变化背景下能源效率法律规制的相关政策、立法和实践进行实证考察，分析我国能源效率法律规制的缺失及原因，并将能源效率法律规制涉及的重要问题置于现实的社会背景之中，为气候变化背景下能源效率法律规制的方案设计提供现实基础。

3. 博弈理论分析法

气候变化背景下能源效率法律规制模式的选择不仅涉及政府、企业、社会等多种主体利益，还涉及当代人和后代人的利益，因此要基于对多种利益主体诉求进行博弈分析。

4. 交叉学科综合分析法

综合运用法学、经济学、哲学、环境科学、能源科学等多学科理论知识，在能源法和环境法的部门法交叉领域，对气候变化背景下的能源效率法律规制进行分析和研究。

四、创新之处

第一，从环境科学、能源科学和环境法学等多学科角度，揭示了气候变化和能源效率的关系以及气候变化和能源效率法律规制的关系。

第二，基于可持续发展伦理观、正义价值论、利益平衡理论和生态本位主义的能源法律观等法哲学理论以及能源外部性理论、环境公共物品理论、能源普遍服务理论等经济学理论阐明气候变化背景下能源效率法律规制的正当性。

第三，基于国家干预理论和企业社会责任理论以及我国现实中亟须解决的落实国家自主减排贡献目标，控制浪费、确保能源资源的有效利用等重大现实问题，阐明气候变化背景下我国能源效率法律规制的合理性。

第四，基于可持续发展伦理观的要求，在协调环境、能源、经济三者关系的基础上，探讨我国能源效率法律规制的基本原则和思路，并阐明气候变化背景下能源效率法律规制选择综合调整模式的理论和现实依据。

第五，构建"三位一体"的能源效率法律规制模式，并探讨在加强能源效率政府管制制度的同时，探索在能源效率政府管制法律制度之外建立能源效率市场激励法律制度和能源效率社会调整法律制度。

第一章　气候变化与能源效率法律规制

气候变化是当前人类社会面临的巨大挑战。它不仅对全球环境与生态问题产生广泛、深远和复杂的影响，而且影响到人类社会的生产、消费、健康以及生活环境和生存空间等重大问题。历史经验和理论分析都已充分证明，人类向大气中排放过量的温室气体是引发气候变化的主要原因，控制温室气体过量排放成为当前应对气候变化的重要举措，而能源效率的提高则是减少温室气体排放最具成本效益的途径。在气候变化背景下研究能源效率的法律规制，首先必须对气候变化、能源效率法律规制及两者间的关系有比较全面深入的认识。

一、气候变化及其影响

目前，气候变化给人类带来严峻挑战，气候变化应对成为国际社会普遍关注的重要问题。全面认识气候变化的含义、主要原因和影响，是有效应对气候变化的前提。

（一）气候变化的含义

气候变化，科学意义上是指气候平均状态在统计学意义上的显著变化或者持续较长一段时间（典型的为 10 年或更长）的气候状况的变动。政府间气候变化专门委员会（IPCC）定义的气候变化是指气候随时间发生的任何一种变化，不论它是由自然的变异造成的，还是人类活动的结果。[①] 其既可以由自然原因引起，也可以由人类活动引起。

在当代国际政治、经济和外交语境中，"气候变化"（Climate Change）与"全球变暖"（Global Warming）是同义语，特指当前全球气候系统气温整体升高、极端气候事件频发的现象和趋势。《联合国气候变化框架公约》（UNFCCC）把气候变化定义为除在类似时期内所观测的气候的自然变异之外，由于直接或间接的人类活动改变了地球大气的组成而造成的气候变化。[②]

本书所称的气候变化，仅限于《联合国气候变化框架公约》所做的界定，即由人类活动导致全球大气组成成分的改变而引起的气候变化，不包括气候的自然变异，因为自然变异是气候系统的内在原因所导致的。

（二）气候变化的主要原因

总体而言，气候变化的原因包括自然原因和人类活动的影响两类。前者包括气候系统内部自然要素的相互作用所引起的气候变化、火山爆发、太阳风暴和太阳耀斑等；后者包括人类使用煤炭、石油、天然气等化石燃料，砍伐森林、土地利用等活动导致大气中温室气体浓度大幅度增加，温室效应增强，从而引起全球气候变暖。

目前，已有许多证据表明，人类活动是直接或间接导致气候变化的主要原因。1995 年，国际科技界通过证据对照研究，得出了人类活动排放的温室气体对全球气候产生了明显影响的结论[③]。科学家们仔细考察过去 100 年的气候变化，一致认为气候变暖不可能主要源于自然原因，而是由于工业革命以来人为生成温室气体的不断增加，特别是自 1970 年以来，经济增长和全球贸易前所未

---

① 参见国家气候变化对策协调小组办公室、中国 21 世纪议程管理中心著：《全球气候变化：人类面临的挑战》，商务印书馆 2004 年版，第 304 页。

② 参见联合国环境规划署、世界气象组织气候变化新闻处代表公约临时秘书处著：《联合国气候变化框架公约》，中国环境科学出版社 1994 年版，第 5 页。

③ 参见翟勇：《应对气候变化的理性思考》，载《河海大学学报（哲学社会科学版）》2008 年第 3 期。

有的发展使温室气体排放量成倍地增长。[1] 人类观测到的海平面上升，也极有可能主要是由于温室气体排放，导致温度上升，气候变暖，从而使原有海水体积增大，陆地冰川大量融化而造成。而且，这种可能性达到90%—99%。[2]

1988年，联合国环境规划署和世界气象组织（WMO）根据《联合国气候变化框架公约》成立了联合国政府间气候变化专门委员会，研究全球气候变化问题，为国际社会认识和了解全球气候变化提供科学依据。

2001年，IPCC第三次评估报告指出，过去50年间我们所观察到的大多数气候变暖现象是由人类活动引起的，而且，源自人类活动排放的温室气体和悬浮物继续以影响气候的方式改变大气。[3]

2007年，IPCC第四次评估报告指出，观测到的20世纪中叶以来大部分全球平均气温的升高，很可能是由于观测到的人为温室气体浓度增加引起的。[4] 20世纪下半叶，北半球的平均气温很可能比过去500年中的任何其他50年要高，而且很可能是过去1300年中最高的。[5] 而且还更为谨慎地提出：在过去30年里，人类活动引起的气候变暖很可能在全球范围内对许多物理和生物系统的变化产生了明显的影响。[6]

2013年，IPCC第五次评估报告指出，人类活动对气候的影响是明显的。人类生产过程中大规模使用化石燃料，向大气中排放二氧化碳、甲烷、一氧化二

---

[1] 参见［英］迈克尔·S. 诺斯科特著：《气候伦理》，左高山、唐艳枚、龙运杰译，社会科学文献出版社2010年版，第28—29页。

[2] 参见［澳］艾德里安·J. 布拉德布鲁克（Adrian J. Bradbrook）、［美］理查德·L. 奥汀格（RichardL. Ottinger）主编：《能源法与可持续发展》，曹明德、邵方、王圣礼译，法律出版社2005年版，第26页。

[3] 参见［澳］艾德里安·J. 布拉德布鲁克（Adrian J. Bradbrook）、［美］理查德·L. 奥汀格（RichardL. Ottinger）主编：《能源法与可持续发展》，曹明德、邵方、王圣礼译，法律出版社2005年版，第25页。

[4] 参见 IPCC, CLIMATE CHANGE 2021：THE PHYSICAL SCIENCE BASIS, at https：//www.ipcc.ch/report/ar6/wg1/downloads/report/IPCC_ AR6_ WGI_ Full_ Report. pdf（Last visited on June 1，2022）。

[5] 参见 IPCC, CLIMATE CHANGE 2007：YNTHESIS REPORT, at https：//www.ipcc. ch/site/assets/uploads/2018/02/ar4_ syr_ full_ report. pdf（Last visited on June 5，2022）。

[6] 参见 IPCC, CLIMATE CHANGE 2007：SYNTHESIS REPORT , at https：//www.ipcc. ch/site/assets/uploads/2018/02/ar4_ syr_ full_ report. pdf（Last visited on June 5，2022）。

氮等温室气体，使其浓度逐年上升，导致全球气候变暖，这种可能在 95% 以上。[①] 与之前三次评估报告所提出的可能性 50% 以上、66% 以上和 90% 以上相比较而言，该报告进一步提高了"人类活动是气候变化原因"的确信程度。

2021 年，IPCC 第六次评估报告指出，人类活动是引起全球气候变化的最主要原因，预测全球温室气体排放量将继续上升；提出控制全球气候变暖需确保未来几十年内的温室气体排放量大幅减少，其中二氧化碳应实现净零排放。[②] 并进一步指出，最近 10 年（2011—2020 年），全球平均表面温度比 1850—1900 年升高 1.09℃（0.95—1.20℃）。[③] 除非进行快速和大规模的温室气体减排，否则较之 1850—1900 年的全球平均升温在未来 20 年可能达到或超过 1.5℃，从而使《巴黎协定》1.5℃ 的温控目标难以实现。[④]

虽然 IPCC 发布的六次气候变化评估报告对气候变化原因的阐释稍有区别，但对于气候变化的主要原因有越来越清晰的认识：人类活动是直接和间接导致全球气候变化的主要原因，且这种"可能性"极大。

(三) 气候变化的影响

气候变化对自然生态系统和人类社会发展所带来的影响是全方位的，并且积极影响和不利影响并存。尽管在某些特定情况下气候变化可能会给人类社会带来一定的局部性利益，但从人类社会的长远发展来看，气候变化是人类在 21 世纪面临的最为严峻的挑战之一。《联合国气候变化框架公约》指出："气候变化所造成的自然环境或生物区系的变化，对自然和管理下的生态系统的组成、

---

① 参见联合国政府间气候变化专门委员会：《人类致气候变化可能性超 95%》，http://world. people. com. cn/n/2013/0927/c157278-23063618. html，最后访问时间：2022 年 6 月 12 日。

② 参见 IPCC, CLIMATE CHANGE 2021：THE PHYSICAL SCIENCE BASIS, at https://www.ipcc. ch/report/ar6/wg1/downloads/report/IPCC_ AR6_ WGI_ Full_ Report. pdf（Last visited on June 1,2022）。

③ 参见周天军、陈晓龙：《〈巴黎协定〉温控目标下未来碳排放空间的准确估算问题辨析》，载《中国科学院院刊》2022 年第 2 期。

④ 参见 IPCC, ClIMATE CHANGE 2021：THE PHYSICAL SCIENCE BASIS, at https://www.ipcc. ch/report/ar6/wg1/downloads/report/IPCC_ AR6_ WGI_ SPM. pdf（Last visited on july 1, 2023）。

复原力或生产力、或对社会经济系统的运作、或对人类的健康和福利产生重大的有害影响。"① 这些不利影响是广泛的、深远的、复杂的，具体包括如下几个方面：

1. 气候变化破坏自然生态系统，影响生物的多样性

气候变化可能对生态系统造成不可逆转的严重影响。气候变化会造成南北两极冰川融化、海平面上升、湖泊数量和面积减少、冻土融化、中高纬度生长季节延长、海洋和陆地动植物物种地理分布朝两极和高海拔地区延伸等，从而使生态系统更加脆弱。研究显示，由于动植物物种对气候变化的适应能力较弱，气候变化对生物多样性产生了极大危害。如全球平均温度增幅达 1.5—2.5℃，20%—30%的物种有可能会灭绝；加上二氧化碳浓度增加的作用，生态系统将发生重大变化，对生物多样性、水和粮食供应等多方面产生不利影响。②

2. 气候变化危害人类健康

气候变化对人类健康的危害很多。包括由于气温升高导致传染病传播媒介的变化，增加了某些地区传染病流行、传播和暴发的概率；人类因酷热和严寒等极端天气事件，增加诱发疾病的危险；加剧低收入发展中国家人民的不良健康状况等。研究表明，人类与夏季高温相关的死亡人数呈急剧上升趋势。据测算，到21世纪20年代，这一数字将上升55%；到50年代，将增加一倍；到80年代，将增加两倍。③

3. 气候变化导致极端天气事件频发

近年来，与气候变化密切相关的厄尔尼诺、干旱、洪水、沙尘暴等极端天气事件频发。南极地区被视为地球气候的稳定器，但近年来极端天气事件频发，如 2021 年冬季，南极点平均气温创 1957 年以来最低纪录；2022 年 3 月 14 日至

---

① 参见王曦主编：《国际环境法资料选编》，民主与建设出版社 1999 年版，第 249 页。

② 参见国家气候中心：《气候变化 2007：影响、适应和脆弱性》，载《中国气象报》2007 年 4 月 14 日，第 1 版。

③ 参见 UNDP, *Human Development Report 2007/2008: Fighting Climate: Human Solidarity in a Divided World*, New York: Palgrave Malcmillan, 2007, p. 71.

18 日，南极多个站观测到快速升温的过程（简称"3·18 爆发性增温事件"），位于东南极内陆区域的 Dome C 站 4 天内增温幅度超过 40℃，引发全球关注。① 预计到 2100 年，与 1990 年相比，地球平均温度将上升 1.4—5.8℃，全球平均海平面将上升 0.09—0.88 米，高温天气、强降水、强风、热带气旋等极端事件发生的频率也会增加。② 联合国国际减灾战略（UNISDR）表示，在过去 20 年间，90%的世界灾难都是由洪水、暴风雨、高温、干旱以及其他自然灾害造成的。③

4. 气候变化引发水资源短缺

在过去的 20 余年中，北冰洋海冰在减缩，南极冰盖和格陵兰冰盖的冰量在减少，北半球春季积雪范围在缩小，几乎全球范围内的山地冰川在退缩。④ 并且，随着温室气体浓度的增加，许多干旱亚热带区域的可再生地表和地下水资源将显著减少。⑤ 这一变化趋势将对人类生产和生活的水资源供给产生严重影响。研究表明，气候变化导致的升温每增加 1℃，全球受水资源减少影响的人口将增加 7%。⑥ IPCC 第六次评估报告指出，目前可观察到强降水的增加与旱季可用水的减少同时发生⑦。到 21 世纪中期，考虑到人口增加和生活水平上升，将有 10 亿人面临水资源短缺的问题。⑧

5. 气候变化威胁粮食生产和粮食安全

气候变化严重威胁粮食生产和粮食安全。第一，气候变化所导致的极端天

---

① 参见丁明虎、效存德、秦大河：《2022 年南极 3·18 爆发性增温事件及其可能原因》，载《气候变化研究进展》2022 年第 3 期。

② 参见国家气候变化对策协调小组办公室、中国 21 世纪议程管理中心著：《全球气候变化：人类面临的挑战》，商务印书馆 2004 年版，第 52、61、58—59 页。

③ 参见梁琳：《全球气候变化将带来毁灭性灾难》，载《生态经济》2016 年第 1 期。

④ 参见秦大河：《气候变化科学与人类可持续发展》，载《地理科学进展》2014 年第 7 期。

⑤ 参见秦大河：《气候变化科学与人类可持续发展》，载《地理科学进展》2014 年第 7 期。

⑥ 参见秦大河：《气候变化科学与人类可持续发展》，载《地理科学进展》2014 年第 7 期。

⑦ 参见 IPCC, CLIMATE CHANGE 2021: THE PHYSICAL SCIENCE BASIS, at https://www.ipcc.ch/report/ar6/wg1/downloads/report/IPCC_AR6_WGI_Full_Report.pdf (Last visited on June 1, 2022)。

⑧ 参见国家气候中心：《气候变化 2007：影响、适应和脆弱性》，载《中国气象报》2007 年 4 月 14 日，第 1 版。

气的增加以及土壤水分的减少可能会严重威胁这些国家的食品安全，而干旱天气的增加将会影响水源的供应。① 这将导致农作物大量减产甚至绝收。研究表明，气候变化导致的小麦和玉米减产平均约为每 10 年 1.9% 和 1.2%。② 第二，气候变化导致农作物（小麦、玉米和水稻等）的生产周期缩短，在一定程度上对农作物的品质产生不利影响。第三，气候变化有利于害虫繁殖，使农业病虫害的发生区域扩大，增加农药和除草剂的使用。这不仅影响农作物产量，而且对农作物和环境造成一定程度的污染。

6. 气候变化将带来气候灾难，威胁国家安全

毋庸置疑，气候变化导致的海平面上升，将会使海岸系统受到更多的淹没和海岸侵蚀，使低洼地区受到更多的洪水侵害。同时，气候变化导致的海水温度升高，将会带来更多的强热带风暴。一些沿海城市（如伦敦、纽约、上海等）和一些岛屿国家（如英国、斐济、马耳他、马尔代夫等），由于其生态系统相对脆弱，将会在几十年后面临成为水下城市或国家的严峻威胁③，其居民甚至会因海平面上升、洪水、干旱等更加严酷而永远地离开家园。

总之，气候变化对人类的影响是全方位的。而且，这种影响将持续存在，并且可能趋于恶化，甚至会带来大范围不可逆转的严重后果。因此，采取积极措施应对气候变化，是当前气候变化背景下的必然选择。

二、能源效率法律规制的界定

提高能源效率对控制温室气体排放、应对气候变化意义重大。如何才能有效保障能源效率的提高？笔者认为，只有能源效率提高的具体措施获得法律规范的确认，才能确认相关政策的合法性，才具有可执行力。而研究气候变化背景下能源效率法律规制的理论前提，就是厘清"能源效率法律规制"在法学视

---

① 参见陈刚著：《京都议定书与国际气候合作》，新华出版社 2008 年版，第 158 页。
② 参见秦大河：《气候变化科学与人类可持续发展》，载《地理科学进展》2014 年第 7 期。
③ 参见曹明德：《气候变化的法律应对》，载《政法论坛》2009 年第 4 期。

域下的确切含义，这是本书研究的逻辑起点和理论基石。

（一）能源效率的含义

自 20 世纪 70 年代两次石油危机以来，能源效率（energy efficiency）问题受到西方国家的广泛重视。西方国家将能源效率本身也视为一种能源资源，因为在他们看来，节约一个单位的能源与生产了相同单位的能源具有相同的价值。随着人们环境保护意识的增强，能源效率对减轻环境负面影响的作用日益突出。在应对气候变化成为广泛的国际议题的今天，能源效率已经成为应对气候变化最有力的工具和方法之一。但是，关于能源效率的概念，目前学界还没有一个统一的认识。

"能源效率"，简称能效，是从"节能"（energy conservation）一词演变而来的。《世界能源：2020 年展望》将"节能"定义为"采取技术上可行、经济上合理以及环境和社会可接受的措施以获得更高的能源利用效率"[1]。1995 年世界能源委员会出版的《应用高技术提高能效》中把"能源效率"定义为"减少提供同等能源服务的能源投入"[2]。欧盟委员会文件认为，"能源效率"是指绩效、服务、商品或能源的输出与能源输入的比率。[3]《能源效率和相关环境问题的议定书》（Protocol on Energy Efficiency and Related Environmental Aspects，PEEREA）中的"提高能源效率"是指在不降低质量和产品性能而保持同样的单位产出（物品或服务的）情况下，减少能源的使用量。[4] 可见，从国际社会对节能和能源效率的定义来看，两者含义基本上是一致的。

我国《节约能源法》采用了"节能"一词，其内涵和外延基本上综合了国

---

[1] 参见肖乾刚、肖国兴编著：《能源法》，法律出版社 1996 年版，第 110 页。

[2] 王庆一：《中国的能源效率及国际比较》，载《研究探讨》2003 年第 8 期。

[3] 参见 Directive 2012/27/EU of the European Parliament and of the Council of 25 October 2012 on energy efficiency, amending Directives 2009/125/EC and 2010/30/EU and repealing Directives 2004/8/EC and 2006/32/EC Text with EEA relevance OJ L 315, 14. 11. 2012, p. 10.

[4] 参见国家发展计划委员会编：《能源宪章条约（条约、贸易修正案及相关文件）》，中国电力出版社 2000 年版，第 112 页。

际社会关于节能和能源效率有关概念的基本内核，强调采取多种措施实施全链条的降低能耗，减少排放，有效合理地利用能源。可见，我国法律对节能的理解与国际社会对节能和能源效率的定义基本是一致的，两者在含义上并无本质差别。

当然，也有国内学者认为节能与能源效率不是完全等同的，二者存在一定差别。节能侧重于在物理学意义上减少能源消费，能源效率则强调提供能源服务的能耗水平，即用尽可能少的能源投入来获得尽可能多的服务产出量。因而，减少能源消费是节能的重要方法之一，这可能会在一定程度上牺牲商品和服务的产量、品质和舒适度。但是，持这种观点的学者认为"节能"并不意味着必然要限制能源消费量，他们认为那是一种消极应对的思想，对能源利用采取有效措施加强使用效率才是积极的，才是节能的核心之所在。

总体而言，节能和能源效率有一定的区别，节能侧重于减少能源消耗，而能源效率则强调通过技术进步更有效地利用能源，以尽可能少的能源投入来获得尽可能多的服务产出量，从而增加经济效益、减少由于能源使用所带来的环境污染。从某种程度上看，能源效率更强调推进经济、社会和环境系统的可持续发展，而不仅仅指它在物理学等方面的效率含义，从这一点上来说，能源效率含义更广一些，但笔者认为二者并无本质上的差别。鉴于上述分析，笔者认为，能源效率主要包含两层含义：一是"节能"，即从能源生产到消费的各个环节，降低消耗、减少损失、制止浪费；二是"提高能源效率"，即通过技术进步推动能源使用中利用率的提高，减少能源消耗过程中温室气体的排放强度，具体而言就是要提高单位能源有效物质的可利用率，降低单位 GDP 的能源消耗量和碳排放值。

（二）法律规制的内涵

现代意义上的"规制"肇始于 19 世纪末的美国对市场运行的调控，特别是

1887 年州际商业委员会（ICC）等独立规制机构的成立①，将规制作为政府管理政治、经济和社会事务的一种重要的工具和制度安排。《新帕尔格雷夫经济学大辞典》将"regulation"译为管制，是指国家以经济管理的名义进行干预。②《牛津高阶英汉双解词典》第 4 版增补本将"regulation"解释为"管理、调校、校准、调节、控制"③。《现代汉语词典》将"规制"解释为"①规则；制度。②（建筑物的）规模形制"④。由于研究视角、所处时代以及对问题关注点的不同，学者们对规制的理解也不同。美国学者巴拉卡认为，规制的实质是政府对私人领域的干预，包括实施政府干预的法律规则来试图塑造个人和企业的行为。⑤日本经济学家植草益认为，规制是依据一定的规则对构成特定社会的个人和构成特定经济的经济主体的活动进行限制的行为，尤其是指向公共机构对企业活动进行干预的行为，而公共机构的干预应当以法律及其执行权为依据。⑥由此可见，学者们对规制的内涵已经基本达成共识，即规制是国家强制干预权力的运用⑦，是政府对经济和社会生活的干预、管理和制约，其目的是实现社会福利的最大化，即公共利益的最大化。

就法律规制而言，学者们从法律规制的客体、作用、模式、形式等不同角度对法律规制进行界定。如有的将法律规制中的法律当作简单的修饰语，认为法律规制与规制等同；有的从法律规制的作用出发，认为法律规制是政府对市场机制强制干预的活动；有的则认为法律规制等同于法律制度；而有的认为，

---

① 参见宋华琳：《美国行政法上的独立规制机构》，载《清华法学》2010 年第 6 期。

② 参见［英］约翰·伊特韦尔等编：《新帕尔格雷夫经济学大辞典》（第 4 卷），陈岱孙主编译，经济科学出版社 1996 年版，第 135 页。

③ 霍恩比著：《牛津高阶英汉双解词典》（第 4 版增补本），李北达编译，商务印书馆、牛津大学出版社 2002 年版，第 1259 页。

④ 中国社会科学院语言研究所词典编辑室编：《现代汉语词典（第 7 版）》，商务印书馆 2016 年版，第 584 页。

⑤ 参见［英］科林·斯科特：《规制、治理与法律：前沿问题研究》，安永康译，清华大学出版社 2018 年版，第 5 页。

⑥ 参见［日］植草益：《微观规制经济学》，朱绍文、胡欣欣等译，中国发展出版社 1992 年版，第 1—2 页。

⑦ 参见［日］植草益：《微观规制经济学》，朱绍文、胡欣欣等译，中国发展出版社 1992 年版，第 19—24 页。

法律规制主要指对行政软权力的控制、协调与制约模式。① 可见，法律规制的内涵应凸显"规制"的"规范、干预、制约"功能，突出强调法律上的规范、干预和制约，或以法律的手段进行干预、管制或监督。因此，现代意义上的法律规制是指在法治框架下，通过一系列规则进行的规范、干预和制约行为。

（三）能源效率法律规制的基本内涵

能源效率法律规制是能够有效界定政府行使能源效率管理公权力与公民私权利保护的合理边界，达到既能充分发挥市场机制调节作用又能发挥政府管制的矫正作用，实现市场机制与政府干预的平衡。

相应地，气候变化背景下的能源效率法律规制，是指以经济、社会和环境的可持续发展为目标，根据国家有关能源效率政策、法律、法规，从市场激励、政府管制、社会调整等不同角度对能源效率的提高进行规范、干预和制约的行为规范体系。能源效率法律规制包括市场激励法律制度、政府管制法律制度和社会调整法律制度三个方面的内容。市场激励法律制度强调通过市场机制作用的发挥，如实行节能自愿协议、能源需求侧管理、合同能源管理等制度，促进能源效率的提高。政府管制法律制度包括国家通过立法、制定能源效率标准、实行能效标识、环境影响评价制度等一系列强制性措施，并由政府部门进行执法和监管，从而促进从事经济活动的企业或其他社会组织提高能源效率。社会调整法律制度则是指通过公众参与、提高社会公众对能源效率提高的意识和教育等活动，以及政府机构节能自律和企业节能自我管理等制度，以实现提高能源效率应对气候变化的目的。

基于上述分析，笔者认为，气候变化背景下的能源效率法律规制所研究的对象不仅包括通过市场机制作用的发挥，激励不同的能源消费主体促进能源效率的提高，还包括政府通过立法、监管等强制手段保障能源效率的提高，以及

---

① 参见门中敬：《行政软权力的法律规制模式研究》，载《法学论坛》2011 年第 1 期。

政府、企业和公众等不同社会群体通过社会调整的方式推进能源效率的提高。

三、气候变化与能源效率法律规制的内在关联

气候变化已经给人类社会的可持续发展带来严重威胁，并且气候变化的趋势短期内将无法实现逆转。为了避免气候系统的进一步恶化，人类必须减少温室气体排放、降低大气中温室气体的浓度。因而，温室气体减排是解决气候变化问题的最根本措施，而能源效率法律规制能够增强对社会生产行为预期的确定性和生产行为的约束性，从法律层面有效保障能源效率的提高，从而有效保障温室气体的减量排放，显著提高人类应对气候变化的能力。

(一) 能源效率与气候变化的关系

1. 解决气候变化问题最根本的措施：减少人为温室气体排放

我们赖以生存的地球，其气候始终处于不断的变化之中，影响因素概括起来可分为自然的气候波动与人类活动的影响两大类。关于人类活动与气候变化关联性的探索最早可追溯至 19 世纪 30 年代。1827 年，法国科学家傅里叶指出，地球大气中的大量温室气体，尤其是二氧化碳，使得太阳辐射能够穿过大气层，造成地球表面变暖。[1] 1957 年，R. 瑞威拉和 H. 瑞斯第一次明确指出由人类活动产生的温室气体的增加将可能导致气候变化。[2] 20 世纪 70 年代初，美国出版的《环境问题评论研究》和《人类对气候的影响研究》，明确指出了二氧化碳是影响气候变化的重要原因。1990 年，IPCC 第一次综合评估报告认为，人为温室气体排放的累积量与气候变化的速率和大小有重大关联；1995 年，IPCC 第二次综合评估报告证实了第一次综合评估报告的结论，并进一步指出人类活动对气候变化的影响是可辨别的；IPCC 第四次评估报告第一工作组报告的决策者指

---

① 参见［英］霍顿 (J. Houghton) 著：《全球变暖》，戴晓苏等译，气象出版社 1998 年版，第 18 页。

② 参见国家气候变化对策协调小组办公室、中国 21 世纪议程管理中心著：《全球气候变化：人类面临的挑战》，商务印书馆 2004 年版，第 30 页。

出，1990—2004 年，全球主要温室气体排放量增加了 24%，到 2030 年，全球二氧化碳排放量将比 2000 年增加 45%—110%，使地球继续变暖，人类活动与近 50 年气候变化的关联性达到 90%。[①] 越来越多的研究表明，近百年人类活动加剧了气候系统变化的进程，人类活动向大气中排放过量的温室气体是导致当前气候变化的主要原因。[②]

研究表明，1750 年以来，人类活动排放到大气中的二氧化碳、甲烷、一氧化二氮等温室气体的浓度，至少已上升到过去 80 万年以来的最高水平，其中，二氧化碳浓度已增加了 41%。[③] 面对日益严峻的气候变化问题，世界各国已经开始采取各种措施积极应对人类社会面临的这一重大挑战。为遏制全球变暖，人类社会必须采取有效措施，减少温室气体排放。[④] 目前，国际气候治理针对的是造成气候变化的各种人类活动，采取的根本措施是减少和限制人为温室气体的排放。[⑤] 显然，这也应成为我国解决气候变化问题的根本举措。

2. 温室气体排放的主要来源：化石能源的利用

如前所述，导致气候变化问题产生的主要原因是大气中温室气体浓度骤增，从而将全球气候变化推向了"危险"的关口。而人类活动导致排放的温室气体，主要包括二氧化碳、甲烷、一氧化二氮和卤化碳（一组含氟、氯或溴的气体）。[⑥] 研究显示，全球范围内二氧化碳浓度的增加主要是由于矿物燃料的使用，甲烷浓度的增加主要是由于农业和化石燃料的使用，一氧化二氮浓度的增加主要是由于农业的使用。[⑦] 当今世界，能源的供应 80% 来自矿物能源。[⑧] 当燃

[①] 参见赵爽著：《能源法律制度生态化研究》，法律出版社 2010 年版，第 25 页。

[②] 参见周珂著：《应对气候变化的环境法律思考》，知识产权出版社 2014 年版，第 12 页。

[③] 参见秦大河：《气候变化科学与人类可持续发展》，载《地理科学进展》2014 年第 7 期。

[④] 参见秦大河：《气候变化科学与人类可持续发展》，载《地理科学进展》2014 年第 7 期。

[⑤] 参见周珂著：《应对气候变化的环境法律思考》，知识产权出版社 2014 年版，第 12 页。

[⑥] 参见 IPCC, CLIMATE CHANGE 2007：SYNTHESIS REPORT, at https：//www.ipcc.ch/site/assets/uploads/2018/02/ar4_ syr_ full_ report. pdf（Last visited on June 5，2022）。

[⑦] 参见 IPCC, CLIMATE CHANGE 2007：SYNTHESIS REPORT, at https：//www.ipcc.ch/site/assets/uploads/2018/02/ar4_ syr_ full_ report. pdf（Last visited on June 5，2022）。

[⑧] 参见 Ines Härtel：《能源效率法——一个新兴法学学科的演进》，赵鑫鑫译，载《中国政法大学学报》2012 年第 6 期。

烧矿物燃料时，以二氧化碳的形式把燃料中的碳排放出来。在过去 100 年间，大气中的二氧化碳含量急剧增加，很大程度上源于人类大规模使用矿物燃料。政府间气候变化专门委员会指出，过去 20 年中，人为二氧化碳的排放大约有 3/4 是源自化石燃料的燃烧。[1] 在能源领域，自工业革命以来，人类以煤炭取代水力和石油用于内燃机，加之天然气的燃烧，这种过度使用煤炭、石油和天然气等化石燃料的能源生产消费方式导致全球温室气体排放量一直在增加，1970 年至 2004 年间增加了 70%[2]，2005 年大气中二氧化碳和甲烷的浓度远远超过了过去 65 万年的自然范围[3]。2021 年 7 月，首届二十国集团（G20）能源与气候部长会议通过的《二十国集团能源与气候部长会议联合公报》承认，矿物燃料是全球温室气体排放的主要来源。[4] 而且，未来全球化石燃料消费的增长预示着全球温室气体排放仍将持续增加。

总体而言，无论从能源供应结构来看，还是从能源生产消费方式来看，化石能源的利用将在相当长一段时期内成为全球温室气体排放的主要来源。

3. 减少人为温室气体排放的重要途径：提高能源效率

人类通过大量使用化石能源的近现代工农业生产对碳循环产生重大影响，把大量二氧化碳等温室气体释放到大气中而产生温室效应，造成气候变化。基于二氧化碳在温室气体中的比重最大，影响最深，应对气候变化的关键在于减少温室气体尤其是二氧化碳的排放强度。而降低二氧化碳的排放强度，目前有两条途径：一是通过技术革新提高化石能源转换和利用效率，发展低碳经济；二是加强新能源和可再生资源的研发，提高清洁能源在能源一次消费中的比重，进而降低能源消费中二氧化碳的排放强度。

当前，我国正处于工业化的中期和城镇化的快速发展期，决定了我国的社

---

① 参见曹明德：《气候变化的法律应对》，载《政法论坛》2009 年第 4 期。

② 参见 IPCC, CLIMATE CHANGE 2007：SYNTHESIS REPORT, at https：//www.ipcc.ch/site/assets/uploads/2018/02/ar4_ syr_ full_ report.pdf（Last visited on June 5, 2022）。

③ 参见 IPCC, CLIMATE CHANGE 2007：SYNTHESIS REPORT, at https：//www.ipcc.ch/site/assets/uploads/2018/02/ar4_ syr_ full_ report.pdf（Last visited on June 5, 2022）。

④ 参见吴磊：《G20 能源议程与全球清洁能源转型》，载《当代世界》2021 年第 12 期。

会生产仍然将在相当长的时间内增加化石能源消费总量,二氧化碳排放量持续增长也将维持较长的一段时期。目前,我国使用的主要燃料包括薪柴、煤炭、石油、天然气等能源,而对这些化石燃料的使用会产生大量的二氧化碳。并且化石燃料仍将长期继续在世界能源消费结构中占据主导地位。鉴于对气候变化可能带来的灾难性后果,有效减少温室气体排放是解决气候变化的最根本措施。而从控制温室气体排放的角度来说,在当前人类对化石能源的依赖性难以降低,不得不继续使用化石燃料的情形下,通过提高能源效率来减少能源使用过程中产生的二氧化碳对气候系统所造成的危害是最明智的选择。所以,提高能效是解决环境安全问题、推动经济可持续发展问题的重要多赢举措和关键所在。

(二)能源效率法律规制与气候变化应对的关系

能源是人类生活必不可少的物质基础,也是人类实现规模化大生产的必要物质保障。然而,能源的开发利用具有双重性,一方面,人类赖此创造了巨大的物质财富,改变了人类的生活方式,提高了生活水平;另一方面,传统能源利用方式的高碳化也形成了温室效应,造成了全球气候变化,从而威胁到整个地球的生态环境,不利于人类的可持续发展。而现在,人类面临两难的选择,能源消耗带来的环境负外部效应已经威胁到了人类共同生存的家园——地球生态系统,可是我们追求经济增长又离不开能源的支持。在新能源和可再生能源并不能大量替代化石能源的时期内,我们必须正视的现实是传统能源在短期内无法被取代。在解决环境矛盾并且不以牺牲人类经济发展为代价的大背景下,我们需要立足现实需要与客观条件,革新高碳能源的应用技术,通过技术进步推动高碳能源的集约化、循环性使用以及低污染甚至零污染排放,降低空气中的温室气体浓度,减少环境污染,以实现在经济持续增长的同时保护环境的目的。当前,世界各国就应对气候变化的途径基本达成共识,即提高能源效率是应对气候变化最现实和最具成本效益的途径之一。还应当注意到,清洁能源和可替代能源的开发利用也需要一个长期的过程。可见,提高能源效率、减少温室气体排放，无疑成为当前和今后一段时期的有效途径和理性选择。对能源效率进行法律规制能够有效界定保护公民的私权利和政府在能源效率管理过程中的公权力的合理边界，既能充分发挥市场机制的调节作用又能发挥政府管制的矫正作用，实现市场机制与政府干预的平衡。通过能源效率法律规制，可以将能源效率目标与措施具体化、规范化与秩序化。由于法律规定具有普遍性、强制性、稳定性的特征，增强社会生产行为预期的确定性和生产行为的约束性，从而能够从法律层面有效保障能源效率的提高，有效应对气候变化，促进人类社会的可持续发展。

第二章　气候变化背景下能源效率法律 规制的正当性

提高能源效率是防止气候变化的基本战略。[①] 就能源效率法律规制而言，其与气候变化应对之间存在密不可分的内在联系，但要在气候变化背景下实现对能源效率的法律规制，我们首先需要考察能源效率法律规制的正当性。对此，学界大多从某个层面进行论证，笔者认为，能源效率法律规制的正当性应当从理论依据、国际法依据等多个视角进行综合审视，方能得出比较准确的结论。

一、能源效率法律规制的理论依据

在全球气候变化的背景下，能源效率和气候变化之间的密切关联性，使能源效率的法律规制纳入了公众视野，为了更好审视能源效率法律规制的正当性，我们从伦理学、法哲学和经济学等多学科角度来探讨其理论依据。

（一）伦理学理论依据

伦理观是世界观、人生观、价值观的集中体现，对我们的行为模式有着巨大的影响。随着环境问题的严峻和生态学的发展，人类对环境问题的思考总结也纳入我们今日的伦理观念之中，形成了当今影响比较大的可持续发展伦理观和生态主义伦理观。这两种伦理观有相似之处，又存在不同，但无论哪种伦理

---

① 参见杜群、杜志华：《防止气候变化的能源效率战略的实施机制和借鉴》，载《环境保护》2002年第7期。

观都为能源效率法律规制的正当性提供了理论依据。

1. 可持续发展伦理观的内涵

1987 年世界环境与发展委员会（WCED）在其报告《我们共同的未来》中提出可持续发展概念为"既满足当代人的需要，又不对后代人满足其需要的能力构成危害的发展"①。1991 年，世界自然保护同盟、联合国环境规划署与世界野生生物基金会在其联合发表的《保护地球——可持续生存战略》（Caring for the Earth：A Strategy for Sustainable Living）中进一步丰富了可持续发展的内涵，并提出了九条基本原则，强调人类生产与生活方式应与地球的承载能力相平衡，其最终目标是改善人类生活质量，创造美好的未来。② 1992 年 6 月，在巴西里约热内卢召开的联合国环境与发展大会通过的《里约环境与发展宣言》中对可持续发展作了进一步阐述："人类应享有与自然和谐的方式过健康而富有成果的生活的权利，并公平地满足今后世代在发展和环境方面的需要。"③

从可持续发展理论的提出到其被世界接受，其理论内涵始终以人类的存续和生活质量的提高为终极目标，而后随着社会的发展加入了生态系统平衡的理念。

2. 能源效率法律规制是可持续发展伦理观的必然要求

正因为能源是环境资源的重要组成部分，以及能源的利用成为气候变化的巨大影响因素，对能源效率的法律规制也成为人类社会可持续发展不得不正视的重要问题。

2002 年联合国可持续发展世界峰会将能源作为可持续发展的一个关键领域④，这标志着能源的可持续利用成为可持续发展伦理观的重要组成部分，也

---

① 世界环境与发展委员会著：《我们共同的未来》，王之佳、柯金良等译，吉林人民出版社 1997 年版，第 52 页。

② 参见世界自然保护同盟、联合国环境规划署、世界野生生物基金会编著：《保护地球——可持续生存战略》，国家环境保护局外事办公室译，中国环境科学出版社 1992 年版，第 1—68 页。

③ 参见汪劲著：《环境法学》，北京大学出版社 2006 年版，第 146 页。

④ 参见［新西兰］克劳斯·鲍斯曼、曹明德、邵方等：《能源可持续发展的伦理学蕴含》，载《比较法研究》2004 年第 4 期。

意味着提高能源效率的重要意义。可持续发展伦理观要求以可持续的方式利用能源资源，要求在能源资源的使用与经济增长之间寻求平衡点，既不能片面强调经济发展而毫无节制地开发和利用能源，也不能片面强调能源安全而过分阻碍经济发展；要求在对能源的开发利用过程中不得对自然生态环境造成损害，不能违背能源利用的客观规律；强调不仅要重视能源使用的减量化，更要追求能源使用的效益最大化，要求通过提高能源效率、改变能源使用结构、淘汰落后产能、开发新能源和可再生能源等方式减少不必要的能源需求，促进能源的可持续利用。

从生态系统的涵容能力来看，可持续发展伦理观强调因能源使用而产生的污染物排放不能超过环境的承载能力，人类必须在保护和不断改善地球生态环境的基础上合理使用能源，确保能源资源的可持续性和克服环境的负外部性，从而走向生态文明。

从经济角度而言，可持续发展伦理观强调经济发展的本质是改善人的生活质量，提高生态环境的舒适度，要求从"高投入、高消耗、低效益"的生产和消费模式走向绿色模式，保障人类健康，实现环境、经济、社会协调发展。

可以说，气候变化背景下的能源效率法律规制就是用法律的手段促进能源效率的提高，实现能源的可持续利用，以减缓与适应气候变化、保障能源环境安全。因此，气候变化背景下的能源效率法律规制是人类在可持续发展伦理观下的明智选择，是可持续发展的客观要求，是人类社会实现可持续发展的必由之路。

（二）法哲学理论依据

1. 正义价值理论

（1）正义价值理论的内涵

"正义"或"公正"是一个古老的哲学范畴，实现正义是人们一直追求的价值目标。人们在追求正义的过程中，逐渐形成了不同的正义思想和理论。西塞罗将正义定义为"使每个人获得其应得的东西的人类精神取向"①；通常认为古罗马法学家乌尔比安首创的正义的定义为"正义乃是使每个人获得其应得的东西的永恒不变的意志"②；圣·托马斯·阿奎纳对正义的界定是"一种习惯，依据这种习惯，一个人以一种永恒不变的意志使每个人获得其应得的东西"③。博登海默则认为"给予每个人以其应得的东西的意愿乃是正义概念的一个重要的和普遍有效的组成部分"④。

第二次世界大战后，对于正义价值理论贡献最大并占据主流地位的是美国学者罗尔斯的正义论。罗尔斯指出："每一个人都拥有一种以正义为基础的权利，它具有即使以社会整体福利的名义也不能侵犯的不可侵犯性。因此，正义否认了为一些人的更大利益而牺牲少数。在一个自由的社会里，公民的平等自由不容置疑，正义所保障的权利绝不屈于政治交易或社会利益的算计。"⑤ 可见，罗尔斯将社会的每一个公民所享有的权利的平等性和不可侵犯性作为公平的正义的基本内涵。⑥ 虽然学者们对正义的理解众说纷纭，但是却达成了普遍的共识——正义应该是给予每人应得的东西。因此，正义的本质就是为了使每个人获得其应得的东西，通过分配正义在各种利益之间寻求均衡与协调，通过交换正义实现社会的动态公平，通过矫正正义以救济公平，而各种利益之间的均衡与协调的正义实现在很多情况下是由国家或法律来完成的。

把正义理论和环境保护结合起来，形成了今天的环境正义理论。环境问题引发了人、自然、社会之间的多层次矛盾，正是环境不公促成了环境正义的理

---

① ［美］E. 博登海默著：《法理学——法律哲学与法律方法》，邓正来译，中国政法大学出版社1999年版，第277页。

② ［美］E. 博登海默著：《法理学——法律哲学与法律方法》，邓正来译，中国政法大学出版社1999年版，第277页。

③ ［美］E. 博登海默著：《法理学——法律哲学与法律方法》，邓正来译，中国政法大学出版社1999年版，第278页。

④ ［美］E. 博登海默著：《法理学——法律哲学与法律方法》，邓正来译，中国政法大学出版社1999年版，第277页。

⑤ 万俊人著：《现代西方伦理学史》（下卷），北京大学出版社1992年版，第684页。

⑥ 参见李爱年著：《环境法的伦理审视》，科学出版社2006年版，第75页。

论。人与自然之间的环境正义要求我们摒弃唯经济价值论，需要我们超越人类中心主义的樊篱，承认自然的权利。人类社会之间的环境正义从根本上来说是一个社会公平问题。环境问题的形成由人类共同造成，然而环境问题的恶果却并不是由所有人平均承担，受损害更为严重的往往是社会底层的弱势群体。社会间的环境正义既要考虑代内公平，也要考虑代际公平。

（2）能源效率法律规制与正义价值理论

气候变化应对中正义价值的实现，离不开切实可行的措施和制度对公众和企业享有的基本权利进行保障，而能源效率法律规制正是实现气候变化应对中正义价值的重要方式之一。

虽然人类对地球上的所有自然资源拥有平等的所有权，对于环境安全拥有平等的享有权，但是真正的实现过程却未能体现这一平等。在追求经济利益最大化的过程中，人类不顾一切地向自然资源进行索取，造成"公有地悲剧"一再发生，再加上长期以来对传统化石能源的粗放式利用，能源资源遭到极大浪费，使气候系统严重受损，破坏了人与自然之间的环境正义。按照社会间环境正义理论的要求，"相同的人和相同的情形必须得到相同的或至少是相似的待遇，只要这些人和这些情形按照普遍的正义标准在事实上是相同的或相似的"①。目前，从全球范围来看，气候环境的承载能力已经基本达到极限，能源环境安全问题非常严峻。当代人和后代人对能源资源的平等使用权、对良好气候环境的平等享用权、对环境安全的均等享用权已经难以得到保障。就气候变化应对而言，亦是如此。日益严峻的气候变化现实迫切需要建立切实可行的能源利用措施和制度，保障当代人和后代人对能源资源均等的使用权、对良好气候环境均等的享用权、对环境安全均等的享用权，以实现环境正义建设生态文明美好家园。

---

① ［美］E. 博登海默著：《法理学——法律哲学与法律方法》，邓正来译，中国政法大学出版社1999年版，第286页。

2. 利益衡平理论

（1）利益衡平理论的内涵

利益之间的冲突是无法避免的事实。人们为之奋斗的一切，都同他们的利益有关。[1] 利益衡平，即对不同的利益需求进行选择、识别、衡量、评估，在此基础上，通过法律的协调机制，合理配置，使之达到均衡的状态，包含过程的科学衡量、结果的大致平衡之双重含义。[2]

早在古希腊和古罗马时期，思想家和法学家们就已注意到法与利益的关系。有以法为自由公民共同利益服务的亚里士多德；有以利益为标准划分公私法的乌尔比安；有以权利作为法律上保护利益，力求平衡个人利益和社会利益的耶林；有认为"法律是社会中各种利益冲突的表现，是人们对各种冲突的利益进行评价后制定出来的，实际上是利益的安排和平衡"的利益法学创始人德国法学家菲力普·赫克；有进一步提出"利益衡量"民法解释观的日本民法学者加藤一郎。利益法学派以利益衡平为其核心思想，在法律适用和法律解释领域强调衡平相互冲突的利益，在法学领域产生了较大影响，也为我们思考环境保护和经济发展这一问题提供了思路，确定了环境法律制度也应当围绕冲突的利益来衡平各种社会关系。法的应用过程就是一场利益衡量和分配的过程。可见，"利益衡平是法律控制社会的正当性基础与实践理性，是有效实施法律的基础性条件"[3]。

（2）能源效率法律规制与利益衡平理论

人类的生存和发展依赖于自然资源，而环境资源的有限性和其价值的多元性，注定了在环境资源使用过程中存在利益冲突。在这种情况下，解决利益冲突问题必然需要建立相应的法律控制。作为人类活动物质基础的能源在其开发、

---

[1] 参见《马克思恩格斯全集（第一卷）》，中共中央马克思恩格斯列宁斯大林著作编译局编译，人民出版社1995年版，第187页。

[2] 参见史玉成：《生态利益衡平：原理、进路与展开》，载《政法论坛》2014年第2期。

[3] 马可：《文明演进中利益衡平的法律控制——兼论通向生态文明的法律理性》，载《重庆大学学报（社会科学版）》2010年第4期。

利用过程中更是需要法律机制来衡平利益主体间的冲突，而能源效率的提高则有利于减少利益摩擦。

法律机制是分配利益并为这一分配提供具体保障的统一体，而解决环境问题的关键在于用法律机制平衡环境利益与经济利益之间的冲突。正确认识环境利益与经济利益的对立统一性，并通过设计合理的法律制度安排，才能实现环境利益的衡平。因此，气候变化背景下能源效率法律规制是消解利益失衡和达成它们利益平衡的必要方式，它是运用法律的控制机制对各行为主体的行为进行激励并与环境利益进行调整，将利益分化限制在合理的范围内，从而使不同的利益主体之间以及利益主体与客体之间表现出一种和谐状态，进而实现环境社会中环境利益与环境负担的公平分配，实现环境正义。

3. 生态本位主义的能源法律观

(1) 生态本位主义能源法律观的内涵

人类伦理观念是由人类中心主义逐渐向生态本位主义发展的。人类中心主义的伦理观催生了主客二分的哲学构建，形成了法学领域的主体和客体的二元理论结构，形成了人与自然的对立，凸显了人类的优越心理，造成人类发展阶段中出现了对自然资源的掠夺性开发和利用，也带来了我们今天的气候变化和能源困境。生态本位主义的伦理观认为，大自然拥有权利，并将权利主体范围从人类扩展到动物、植物、生命体、无生命体以至整个生态系统。这一伦理观摒弃了狭隘的人类中心主义，提倡人与自然和谐相处，从根本上打破了主客二分的理论体系，带来环境法领域理论体系的重构。这一伦理观是在生态学发展的基础上建立的，批判了工业文明下的人类中心主义伦理观，提倡建立现代生态文明。

在生态本位主义思想的指导下，结合可持续发展理念，2002 年联合国可持续发展世界峰会上通过的约翰内斯堡实施计划中提出将各种能源考虑因素，包括能源效率、可负担性（Affordability）和可获得性（Accessibility）整合到社会经济发展项目之中，并进一步阐明了"可持续能源"的基本理念：促进获得可靠的、买得起的、经济可行的、社会上接受的和有利于环境的能源服务和资源。之后，世界各国能源价值观的重心逐步转向以生态化为价值取向和评价标准，强调人类与自然和谐，既利用能源对人的有用性，也尊重自然的本体价值。①

因此，生态本位的能源法律观应指承认自然界及其全部生物和资源所构成的整个生态系统具有内在价值，主张人与自然和谐共存的法律观念。承认能源作为生态有机整体的一部分所具有的内在价值，主张实现用能过程中人类与自然的和谐共存而非相互对立也就成为该法律观的应有之义。这一观念构成衡量气候变化背景下能源效率法律规制正当性的基本依据，该正当性是能源效率法律制度合法存在的内在基础。通过对气候变化背景下的能源效率法律规制的探讨，实现其应然价值：制定人在能源活动中的行为模式，规定应当或不应当做什么，并由此树立理想的人类共同体形象，导引人类生活秩序以及促进人与能源、人与自然的关系趋于和谐与稳定，并最终实现人类共同体与生态自然之间的共存共荣。

（2）能源效率法律规制符合生态本位主义能源法律观的要求

工业文明背景下，受人类中心主义伦理观的影响，人们认为消费物质财富是理所当然的，经济发展模式日益发展成为以煤炭、石油等化石燃料的大量消耗为中心的"矿物经济"。与这种伦理观和能源—经济发展模式相对应的则是忽视能源的稀缺性，以促进能源消费作为刺激经济增长的有效途径，而未能关注到因化石能源等使用产生的温室气体对气候系统所造成的影响。因而，人类中心主义的伦理观被认为是当代气候变化危机的思想根源。

生态本位主义能源法律观的内涵凝聚了用能过程中人与自然和谐共存的现实需求。而在人类传统的能源—经济发展模式造成气候变化形势日益严重、整个地球生态系统面临严峻挑战的现实下，该理论为人类未来的发展指明了方向，即要走出一条人与自然和谐共生的生态文明发展之路，人类的任何行为都必须

---

① 参见高利红、程芳：《我国能源安全环境保障法律体系：理念与制度》，载《公民与法（法学）》2011年第2期。

以地球生态环境的持续改善为前提，而气候变化背景下的能源效率法律规制正是人类迈向生态文明的必然选择。

因此，气候变化背景下的能源效率法律规制有着深厚的历史背景与理论基础，它是人类发展的必然选择，是迈向人类生态文明的必由之路，是人类迈向美好未来的必要保障，符合并体现了生态本位主义能源法律观的基本要求。

（三）经济学理论依据

1. 能源外部性理论

（1）能源外部性理论的内涵

经济学上的外部性（Externality），亦称外部成本、外部效应，指某种经济活动给予该活动无关的第三方所带来的影响。1890 年，经济学家马歇尔（A. Marshall）在其《经济学原理》一书中首次提出"外部性"的概念。此后，外部性成为一个正式概念，经济学家庇古（A. C. Pigou）等人进一步丰富和发展了该理论。

根据兰德尔的观点，外部性是指当一个行动的某些效益或成本不在决策者的考虑范围内的时候所产生的一些低效率现象；也就是某些效益被给予，或某些成本被强加给没有参与这一决策的人。[1] 而萨缪尔森和诺德豪斯则将外部性理解为一种向他人施加不被感知的成本或效益的行为，或者说是一种其影响无法完全体现在它的市场价格上的行为。[2] 庇古在其《福利经济学》中指出，经济外部性的存在，是因为当 A 向 B 提供劳务时，往往使他人获得利益或受到损害，可是 A 并未从受益者那里获得报酬，也未向受害者支付任何补偿。[3] 其中，A 的行为对他人所造成的损害具有负外部性，而使他人获得利益的行为具有正

---

① 参见［美］阿兰·兰德尔著：《资源经济学——从经济角度对自然资源和环境政策的探讨》，施以正译，商务印书馆 1989 年版，第 155 页。

② 参见［美］保罗·萨缪尔森、威廉·诺德豪斯著：《经济学（上）》，萧琛等译，商务印书馆 2014 年版，第 315 页。

③ 参见［英］阿瑟·塞西尔·庇古：《福利经济学》（上册），金镝译，华夏出版社 2017 年版，第 151 页。

外部性。可见，因不同学者的研究角度和侧重点的不同，对外部性并无一个统一的界定。但其基本内涵可表述为：外部性是经济活动参与者的行为对与这项活动无关的第三人所带来的影响，这种影响包括正外部性和负外部性两类。其中，对第三人所造成的有益影响称为正外部性，而有害的影响则称为负外部性。

依据外部性理论，能源外部性是指在以煤炭、石油、天然气等化石能源为主的能源的开采、加工、提炼、贮运和使用过程中，能源的生产者和使用者等特定主体的行为对自然资源和生态环境所带来的影响，这种影响包括能源外部经济性和能源外部不经济性。就能源的外部性而言，其产生是源于能源生产者和使用者等特定经济活动主体在能源的开采、加工、提炼、贮运和使用过程中行为的外在影响。在经济学上，则表现为该行为发生的个体成本与社会成本、个体收益与社会收益之差。如果个体能源负外部行为导致个体成本低于社会成本、个体收益高于社会收益，将导致"市场失灵"，以至改变整个社会资源配置的最佳状态——帕累托最优，破坏公平的市场竞争秩序。

（2）能源效率法律规制是消除能源负外部效应的工具选择

外部性理论的核心在于对外部不经济性的解决。[1] 经济学家庇古和科斯对外部性问题提出的不同解决方案，成为各国解决该问题的重要理论依据。

庇古认为，外部性是市场失灵的表现，正因为市场机制对外部性问题的解决无能为力，才需要"政府之手"的作用对外部性加以治理，以解决市场失灵问题。庇古的方法强调政府对解决外部性问题的重要作用，并主张通过征税、罚款、税收优惠、财政补贴等经济手段解决外部性问题。通过对产生正外部性的个体给予税收优惠、财政补贴，对产生负外部性的个体进行征税、罚款等方式，使外部成本与收益内部化，以实现资源的优化配置。

科斯认为，如果通过征税和罚款等经济方式抑制个体经济行为所产生的负外部效应，同时也可能会影响个体经济主体的生产活动，由此带来的不利后果

---

① 参见张剑波著：《低碳经济法律制度研究》，中国政法大学出版社2013年版，第56页。

也许会更严重。科斯基于此创造性地提出了科斯定理，认为"在不存在交易费用前提下，产权无论赋予外部成本的行为者与受害者，双方都会通过谈判，达成产权交易协议，实现社会资源配置的效率最优"①。科斯的方法对外部性问题的解决，"正是立足其科斯定理理论，强调在产权明晰的前提下，依靠市场机制自动解决外部性问题，他认为市场机制对于外部性的治理有效，并主张通过市场方式进行产权交易，而非政府实施干预"②。

庇古和科斯对于经济外部性问题的解决方法有着明显的区别，庇古强调政府的干预作用，而科斯则强调市场机制作用的发挥。对于环境外部性问题而言，汪劲教授认为其解决则是对庇古和科斯方法的综合运用，是市场机制和政府干预的有机结合。依据能源外部性理论，化石能源的开采、加工、提炼、贮运和使用过程导致生态破坏和环境污染，尤其是能源使用过程中产生的大量温室气体，对大气环境造成严重的负面影响，是典型的能源负外部效应。这已经影响到社会资源的优化配置，影响到经济发展、能源安全和气候系统的和谐稳定，进而严重威胁人类社会经济的可持续发展。因此，综合考虑外部性治理方法以及全球气候变化的复杂性，在能源外部不经济性内部化的过程中，仅靠单一的政府机制或市场机制难以真正发挥其作用；相反，在市场机制与政府力量的双重推动下，方能更好地解决能源负外部效应问题。

气候变化背景下的能源效率法律规制正是立足能源外部性理论，通过合理的法律制度安排，对能源效率法律规制采取综合调整的思路，充分发挥政府、市场和社会等多种主体的作用，提高能源效率，减少能源使用中产生的温室气体对大气环境的不利影响，逐步实现对气候变化这一严峻的环境负外部效应的矫正，有效应对气候变化。因此，气候变化背景下的能源效率法律规制是消除能源负外部效应的理性抉择，是目前国际社会对全球气候变暖这一环境负效应

①　孙钰：《外部性的经济分析及对策》，载《南开经济研究》1999 年第 3 期。
②　程礼龙：《解决外部效应的庇古方法与科斯方法的比较研究》，载《新西部（下半月）》2007年第 5 期。

的理性反思所作出的工具选择。

2. 环境公共产品理论

(1) 环境公共产品理论的内涵

根据公共经济学的观点，社会产品包括私人产品与公共产品。① 所谓私人产品是兼具竞争性与排他性的物品；而公共产品则是具有非竞争性与非排他性的物品。② 根据亚当·斯密对公共产品的理解，公共产品是"对于社会"可能会"有很大利益"，但就其性质而言，若由"个人或少数人办理"，其所获收益是"不能偿其所费"的产品，因此该产品"是指这样一类商品：将该商品的效用扩展于他人的成本为零；无法排除他人参与共享"③。曼瑟尔·奥尔森（Mancur Olson）则将公共产品定义为，那些没有购买任何公共或集体物品的人不能被排除在对这种物品的消费之外。④

以上观点揭示了公共产品的基本内涵，即公共产品的非竞争性和非排他性。这对社会而言有着重要意义和价值，但个人或少数人很难提供，或者虽然能够提供，但往往不具有经济性。根据经济学观点，在市场经济条件下，市场机制逐利性等固有缺陷使各种资源难以实现优化配置，导致市场失灵。对公共产品而言，则表现为公共产品供给不足，最终难以实现全体社会成员公共利益的最大化。为此，需要外力的作用加以解决，即通过政府提供公共产品或用"政府之手"来加以调节和干预。

依据公共产品理论，环境资源是典型的公共产品，具有资源共享性、非排他性以及供给普遍性的特点。当环境质量改善时，公众可以自由、公平地分享这种环境利益，即使这是由个体社会成员提供费用治理环境的结果，但他也绝不能阻止其他社会成员对诸如清洁空气、水资源的享用，这就是环境公共物品

① 参见魏陆、吕守军编著：《公共经济学》，上海交通大学出版社 2010 年版，第 67—83 页。

② 参见李增刚：《全球公共产品：定义、分类及其供给》，载《经济评论》2006 年第 1 期。

③ ［美］保罗·萨缪尔森、威廉·诺德豪斯著：《经济学（上）》，萧琛等译，商务印书馆 2014 年版，第 43 页。

④ 参见［美］曼瑟尔·奥尔森著：《集体行动的逻辑》，陈郁等译，格致出版社、上海三联书店、上海人民出版社 2011 年版，第 13 页。

的"搭便车"现象。在这种情况下，个体社会成员对环境质量改善付出代价所带来的惠益由全体社会成员共同分享，而个体社会成员却自己利益受损，承担环境质量改善的成本。由于私人供给者不能排斥没有支付相应费用的使用者，以致没有一个追求利润最大化的私人工厂愿意供应这种公共产品①，因此只能由政府承担由此产生的费用。环境公共产品理论不仅指明了环境公共产品的特征，也提出了解决"公有地悲剧"和"搭便车"现象的方案。

（2）气候变化背景下能源效率法律规制与环境公共产品理论

根据环境公共产品理论，气候变化是人类对"稳定的大气环境"这一公共物品过度使用的结果。与一般意义上的公共产品相比，该环境公共产品涉及全球范围，其有效供给不是仅靠单个国家或地区可以解决的。因此，该公共产品被称为"全球公共产品"。根据世界银行的定义，"全球公共产品是指那些具有很强跨国界外部性的商品、资源、服务以及规章体制、政策体制，它们对发展和消除贫困非常重要，也只有通过发达国家与发展中国家的合作和集体行动才能充分供应此类物品"②。对"稳定的大气环境"这一全球环境公共产品而言，其受益范围，突破了单个国家的领域范围；其受益主体，已突破国界，不仅包括当代人，还包括后代人。也就是说，"稳定的大气环境"这一全球环境公共物品的环境利益惠及全世界的当代人和后代人。然而，全球公共产品还具有"存量外部性"特征，即负外部性是由于长期累积的结果。就气候变化而言，其不仅是短期内温室气体的排放，而且是温室气体长期过量排放结果的叠加而导致其存量外部性的显现，即气候变化问题的出现和加剧。可见，气候变化是气候系统这种全球环境公共产品被长期滥用的结果，实际上就是由全球大气环境这一公共物品的"存量外部性"特征所导致的不利后果。根据公共产品理论，保障"稳定的大气环境"这一全球环境公共物品既是一个复杂的经济问

① 参见［美］罗伯特·D.考特、托马斯·S.尤伦著：《法和经济学》（第三版），施少华等译，上海财经大学出版社2002年版，第93页。

② 徐增辉：《全球公共产品供应中的问题及原因分析》，载《当代经济研究》2008年第10期。

题，也是一个复杂的政治问题，会涉及各方利益的平衡以及全体社会成员公共利益最大化的问题。就我国而言，要在经济可持续发展与温室气体减量排放方面实现平衡，实现提高能源效率的目标，保证"稳定的大气环境"这一全球公共品的有效供给，就必然面临供给路径的选择。显然这仅靠政府或单一市场机制难以实现，只有通过政府管制、市场激励、社会调整等多种方式综合进行调整以平衡各主体间的利益关系，进而激发政府、企业和公众等多种主体的积极性，最终才能实现"稳定的大气环境"这一全球公共产品的有效供给。而气候变化背景下的能源效率法律规制正是能够实现"稳定的大气环境"这一公共产品的有效供应，用"政府之手"解决环境公共产品、"公有地悲剧"和"搭便车"现象的有效工具之一。

3. 能源普遍服务理论

（1）能源普遍服务理论的内涵

"普遍服务"（Universal Service）一词最早出现在 20 世纪初美国电信领域。AT&T 总裁威尔（Theodore Vail）在 1907 年的年度报告中首次提出"普遍服务"，并在翌年以"一套网络，一种政策，普遍服务（One Network, One Policy, Universal Service）"的广告词形式出现于公众媒体。① 不过，这并不同于现代意义上的普遍服务，现代意义上的普遍服务思想出现在美国 1934 年的《通讯法》中，该法所确立的普遍服务制度是通过制度保障以达到普及服务的目标。② 目前，"普遍服务"一词已经被扩展到能源、邮政、铁路等经济基础设施领域，甚至发展到教育、医疗卫生、图书馆等社会基础设施领域。正如有学者所指出的那样："现代社会，普遍服务的提出已经不再局限于某一具体的生产或服务领域，而是一种理念、一项制度、一个系统、一张囊括整个社会及其成员的网络。"③

---

① 参见苏苗罕：《能源普遍服务的法理与制度研究》，载《法治研究》2007 年第 10 期。
② 参见向海龙：《美国电信技术发展与电信法律制度变革》，北京邮电大学 2012 年硕士学位论文。
③ 许正中、刘尧：《构建社会普遍服务体系，完成中国现代化的多元复合转型》，载《理论与现代化》2006 年第 4 期。

能源普遍服务理论的提出与能源服务在现代社会中的重要地位日益凸显是分不开的。由于"现代能源服务的不足限制了生产力的发展，使人们难以走出贫困。现代能源供应不足导致环境、经济和社会逆向发展的恶性循环"①，因而各国已经普遍接受这样一种观点，即能源服务的缺乏限制了人们享受经济发展和生活水平提高所带来的机遇，能源服务的获取是克服贫困必不可少的条件。在世界环境与发展委员会编写的《我们共同的未来》中，第一次承认了能源普遍服务的重要性，呼吁全世界行动起来为所有人提供普遍的、可获得的和可接受的能源服务。2000 年 9 月，联合国全体成员国提出了"千年发展目标"，尽管其并未明确包括能源服务的普遍供给②，但是，这些目标无一可以在没有获取更多数量、更优质量的能源服务条件下实现③。

虽然不同国家、不同领域对普遍服务理论的理解有所不同。但总体来说，能源普遍服务是要求国家通过制定有效的政策和措施，使相关行业为所有社会成员提供价格上能够负担得起、质量上有保证的、可持续的能源产品和服务。它具有四个基本特点：第一，普遍性，即普遍服务的对象是特定国家或地区内的所有社会成员；第二，可获得性，即社会成员不论在任何地方或任何时候都可以享受到能源产品和能源服务；第三，可接受性，即所获得的能源产品和服务的价格必须是能够负担得起的合理价格；第四，非歧视性，即所有社会成员都应受到同等的待遇，尤其要保障贫困落后地区和弱势群体获得能源产品和服务的权利。

---

① 联合国开发计划署：《2007~2008 年人类发展报告——应对气候变化：分化世界中的人类团结》，载《气候变化与能源政策法律制度比较研究》，桑东莉著，法律出版社 2013 年版，第 19 页。

② 联合国千年发展目标是指《联合国千年宣言》（2000 年 9 月 8 日）（the United Nations, Millennium Declaration of 2000）中所规定的 8 项发展目标：（1）消灭极端贫穷和饥饿；（2）普及初等教育；（3）促进性别平等，赋予妇女权利；（4）减少儿童死亡率；（5）改善孕产妇健康；（6）遏制 HIV/AIDS、疟疾和其他疾病；（7）确保环境的可持续性；（8）为发展而建立全球伙伴关系。转引自联合国开发计划署著：《2003 年人类发展报告——千年发展目标：消除人类贫困的全球公约》，《2003 年人类发展报告》翻译组译，中国财政经济出版社 2003 年版，第 1—2 页。

③ 参见 Adrian J. Bradbrook&Judith G. Gardam, Programme, "Placing Access to Energy Services within a Human Rights Framework", *28 Human Rights Quarterly*, 397（2006）。

（2）能源效率法律规制是保障公民获得能源普遍服务的有效途径

1948年通过的《世界人权宣言》第25条赋予每个人享有为维持本人和家属的健康和福利所需的生活水准，包括食物、衣着、住房、医疗和必要的社会服务的权利。[①] 虽然能源不是人类的基本需要，但它却是实现所有需要的关键。鉴于能源服务应当属于"必要的社会服务"范围，各国已普遍将获得能源服务权纳入生存权体系，并由国家提供"最低限度的保障"，即承担推行能源普遍服务的义务[②]。《欧共体条约》第16条和《欧盟宪法条约》中规定，"在理论上将获得基本能源服务提升为欧洲公民的一种'宪法权利'，是对供应安全概念的重大发展"[③]。由此，政府能源普遍服务义务已转化为公民获取基本能源服务的权利，政府必须通过积极行政满足公众的生存、发展基本需求。

当今世界，人类的生存与发展依赖于对能源的使用。工业、农业、制造业、采矿业、交通运输业、各种服务产业以及许多地区的供热和制冷等都离不开能源。由于能源的稀缺性，在竞争激烈的经济社会，必然造成服务的不均衡。而从能源普遍服务的特点来看，这种服务又必须是普遍的、可获得的、可接受的和非歧视性的，这就决定了能源普遍服务要以社会公共利益和社会福利的实现为目标，决定了政府干预的必要性。当企业不能或者不愿提供普遍服务时，政府有义务强制企业提供服务。可见，为了保障公民获得服务的权利，从公共利益的角度出发，政府必须干预能源普遍服务领域，以实现社会福利的最大化。为此，气候变化背景下对能源效率进行法律规制，用法律的手段提高能源效率，降低单位能耗，从而减少温室气体排放和环境污染，增加能源供给，是当前保障公民获得能源普遍服务和有效应对气候变化的有效途径。

---

① 参见苏苗罕：《能源普遍服务的法理与制度研究》，载《法治研究》2007年第10期。
② 如2000年通过的《欧盟基本权利宪章》中就明确承认和保障公民获得"具有普遍利益服务"（Services of General Interest）的权利。这里所指的具有普遍经济利益的服务，就包括能源服务。
③ 龚向前：《欧盟能源市场化进程中供应安全的法律保障及启示》，载《德国研究》2007年第2期。

二、能源效率法律规制的国际法依据

气候变化严重威胁着人类社会的生存和发展。有学者认为："来自空中的威胁已不再是导弹，而是全球性的气候变暖。"[1] 如果不加以控制，气候变化将对人类社会产生灾难性的后果。[2] 而提高能源效率正是实施温室气体减排、应对气候变化最有力的工具之一。有鉴于此，国际社会从 20 世纪 70 年代开始探求通过国际立法的形式应对气候变化。就气候变化背景下的能源效率法律规制而言，《联合国气候变化框架公约》与《京都议定书》是其最直接的国际法依据。

(一) 气候变化方面的国际公约

1. 《联合国气候变化框架公约》

1992 年 6 月在巴西里约热内卢举行的联合国环境与发展大会制定了《联合国气候变化框架公约》，成为全球第一个有关应对气候变化的国际公约。[3] 该公约重申了"地球气候变化及其不利影响是人类共同关心的问题"等一些缔约方所达成的共识，对气候变化的不利影响、气候变化、气候系统、温室气体、库、汇和源等进行了界定，将其最终目标确定为"将大气中温室气体的浓度稳定在防止气候系统受到危险的人为干扰的水平上"[4]，并将代内公平原则、代际公平原则、风险预防原则、可持续发展原则、国际合作原则、共同但又有区别的责任原则以及充分考虑发展中国家具体需求和特殊情况的原则等作为各缔约国为实现公约最终目标和履行各缔约国承诺应遵循的基本原则。同时，为实现公约目标，确定建立一个在赠与或转让基础上提供资金，包括用于技术转让的资金

---

[1] 梁西：《国际法的基础与性质》，载《国际法问题专论》，邵沙平、余敏友主编，武汉大学出版社 2002 年版，第 1 页。

[2] 参见杨兴：《〈气候变化框架公约〉与国际法的发展：历史回顾、重新审视与评述》，载《环境资源法论丛》（第 5 卷），吕忠梅、徐祥民主编，法律出版社 2005 年版，第 149 页。

[3] 参见吕江：《应对气候变化与生物多样性保护的国际规则协同：演进、挑战与中国选择》，载《北京理工大学学报（社会科学版）》2022 年第 2 期。

[4] 王曦主编：《国际环境法资料选编》，民主与建设出版社 1999 年版，第 246—270 页。

的机制；对缔约方之间的争端规定了解决的程序，规定了调解、仲裁和提交国际法院裁决等争端解决方式；并要求各缔约国在公约中作出了一系列承诺。可以说，这是国际社会第一份全面控制二氧化碳等温室气体排放的国际条约，是"防止气候变化方面最重要的国际法律文件"①。我国于1992年6月11日签署该公约，并于1993年1月5日批准。② 《联合国气候变化框架公约》在1994年3月21日经第50个国家批准加入后生效，标志着气候变化问题正式纳入了国际法的调整范畴。显然，《联合国气候变化框架公约》确立了世界各国共同应对全球气候变化的国际法律框架，是全球共同应对气候变化的重要标志，对于气候变化应对和经济社会的可持续发展意义重大。

就气候变化背景下能源效率法律规制而言，《联合国气候变化框架公约》为其提供了重要的国际法律依据。该公约以控制大气中的二氧化碳、甲烷等温室气体的排放为目的，依据共同但有区别的责任原则，要求对温室气体排放较多的发达国家采取具体措施限制温室气体排放，并向发展中国家提供资金和技术等帮助其进行温室气体减排。这是避免全球气候进一步恶化，实现将温室气体的浓度稳定在大气环境承载范围内的最基本要求。而提高能源效率正是应对气候变化最有力的工具之一。因此，该公约为世界各国的能源效率法律规制提供了重要的国际法依据。

2.《京都议定书》

1997年12月，《联合国气候变化框架公约》第三次缔约方大会在日本京都举行，大会通过了具有里程碑意义的应对全球气候变化的重要国际法文件——《京都议定书》。《京都议定书》对缔约方会议、公约、政府间气候变化专门委员会、蒙特利尔议定书、缔约方、附件一所列缔约方等进行了界定，对公约所列缔约方（针对经济发达国家和向市场经济过渡的国家）排放量限制和削减指标的承诺以及为履行承诺的政策和措施、联合履约机制、资金机制、清洁发展

---

① 周洪钧：《〈京都议定书〉生效周年述论》，载《法学》2006年第3期。
② 参见王曦主编：《国际环境法资料选编》，民主与建设出版社1999年版，第246页。

机制、排放贸易机制、议定书的附件等问题作出了规定①，主要表现为：（1）进一步明确了二氧化碳、甲烷、一氧化二氮、氢氟烃、全氟化碳、六氟化碳六种气体为温室气体，并对温室气体排放量采用"全球升温潜能值"的计算法。②这不仅可以同步促进六种温室气体共同减排，而且也是提高各种不同化学组成分能源效率的依据。（2）对历史累积排放量大的发达国家明确其应完成的温室气体减排义务和履行时间表，对发展中国家则区别对待而暂时不承担强制性减排义务。这为技术相对落后的发展中国家的能源效率立法、政策的制定和技术的提高等提供了一个积极推进以赶超发达国家水平的缓冲期。（3）规定了联合履约机制、清洁发展机制和排放贸易机制三种温室气体减排机制，力图通过全新的制度设计，实现环境价值的经济展现。它通过控制温室气体排放等方式，实现经济资源的跨国界配置。③这些不仅创新了温室气体减排合作机制，而且也为世界各国共同应对气候变化提供了新的途径。可以说，《京都议定书》是全人类第一个以条约形式要求承担保护地球气候系统义务的执行性文件。④

《京都议定书》是《联合国气候变化框架公约》内容的升华和具体化，是《联合国气候变化框架公约》下最重要的国际温室气体减排协议之一。对气候变化背景下的能源效率法律规制而言，《京都议定书》为世界各国能源效率问题提供了一个法治化的平台。在该议定书的作用下，发达国家的温室气体减排义务和履行时间表进一步明确和具体，通过建立与国际接轨的能源效率法律与政策，不断提高能源效率，为实现全球气候系统的稳定、实现减排目标确立了良好的法律保障机制。因此，《京都议定书》成为气候变化背景下能源效率法律规制又一重要的国际法依据。

---

① 参见王曦主编：《国际环境法资料选编》，民主与建设出版社 1999 年版，第 330—353 页。

② 参见杜群：《气候变化的国际法发展：〈《联合国气候变化框架公约》京都议定书〉述评》，载《环境资源法论丛》（第 3 卷），吕忠梅、徐祥民主编，法律出版社 2003 年版，第 243—244 页。

③ 参见周林军：《环境规则与经济权利——〈京都议定书〉中的法经济学理念》，载《学术研究》2007 年第 9 期。

④ 参见周洪钧：《〈京都议定书〉生效周年述论》，载《法学》2006 年第 3 期。

3. 《巴黎协议》

2015 年 11 月 30 日至 12 月 11 日，《联合国气候变化框架公约》第 21 次会议在法国巴黎举行，大会达成将于 2020 年实施的关于治理气候变化普遍适用的国际法文件——《巴黎协议》。《巴黎协议》指出，"各方将按照不同的国情反映平等以及共同但有区别的责任和各自能力的原则，加强对气候变化威胁的全球应对，把全球平均气温升幅控制在工业化前水平以上低于 2℃ 之内，并努力将气温升幅限制在工业化前水平以上 1.5℃ 之内；全球将尽快实现温室气体排放达峰，本世纪下半叶实现温室气体净零排放；各方将以'自主贡献'的方式参与全球应对气候变化行动；发达国家将继续带头减排，并加强对发展中国家的资金、技术支持，帮助后者减缓和适应气候变化；从 2023 年开始，每 5 年将对全球行动总体进展进行一次盘点，以帮助各国提高能力、加强国际合作，实现全球应对气候变化长期目标"[①]。

《巴黎协议》是《联合国气候变化框架公约》内容的进一步升华，推动了全球气候治理进程，是继《京都议定书》之后《联合国气候变化框架公约》下重要的温室气体减排协议。对气候变化背景下能源效率法律规制而言，《巴黎协议》为世界各国能源效率问题的解决提供了具有重要意义的国际法文件。在该协议的作用下，发达国家和发展中国家的温室气体自主贡献目标将进一步确定，2020 年之前的强化减排行动被进一步推进，通过建立能源效率法律与政策，不断提高能源效率，为实现最终减排目标确定持久有效的法律保障机制。因此，《巴黎协议》成为气候变化背景下能源效率法律规制重要的国际法依据。

4. 《格拉斯哥气候公约》

2021 年 11 月 1 日至 12 日，《联合国气候变化框架公约》第 26 次会议在英国格拉斯哥举行，大会签署了国际法文件——《〈联合国气候变化框架公约〉格拉斯哥气候公约》（以下简称《格拉斯哥气候公约》）。《格拉斯哥气候公

---

① Vinuales, Jorge E., "The Paris Agreement on Climate Change", *59 German YB Int'l L* 37 (2016).

约》完成了对《巴黎协定》实施细则遗留问题的谈判，强调要迅速采取行动，全面落实《巴黎协议》，要开始进行全球盘点，并对碳交易市场、透明度和共同时间框架作出了规定。[①]

《格拉斯哥气候公约》提出气候变化是人类的共同关切，重申《巴黎协定》的目标，即将全球平均气温降至远低于工业化前水平 2℃以下，并努力将气温升幅限制在工业化前水平以上 1.5℃以内；强调缔约方迫切需要努力，通过加快行动和实施国内缓解措施而集体减少温室气体排放；注意到国家自主贡献目标与长期低温室气体排放发展战略保持一致的重要性；提出缔约方要考虑采取进一步行动，到 2030 年减少包括甲烷在内的非二氧化碳温室气体的排放；敦促发达国家加强支持，包括通过资金、技术转让和能力建设，在缓解和适应方面协助发展中国家，以继续履行其在《公约》和《巴黎协定》下的现有义务；呼吁发达国家、多边开发银行和其他金融机构加快使其筹资活动与《巴黎协定》的目标相一致；强调加强技术开发和转让合作行动以执行缓解和适应行动的重要性，包括加速、鼓励和扶持创新，以及不同来源的可预测、可持续和充足的资金对技术管理的重要性机制；认识到非缔约方利益攸关方，包括民间社会、土著人民、地方社区、青年、儿童、地方和区域政府及其他利益攸关方在推动实现《巴黎协定》目标方面的重要作用。[②]

《格拉斯哥气候公约》正式确立了全球碳中和的国际共识，是继《巴黎协议》之后《联合国气候变化框架公约》下又一重要的温室气体减排协议。对气候变化背景下能源效率法律规制而言，《格拉斯哥气候公约》在强调直接减排二氧化碳的同时，开始更多关注非二氧化碳减排的形式和种类[③]，为世界各国能源效率问题的解决提供了又一具有重要意义的国际法文件。在该公约的作用

---

① 参见周天军、陈晓龙：《〈巴黎协定〉温控目标下未来碳排放空间的准确估算问题辨析》，载《中国科学院院刊》2022 年第 2 期。

② 参见 UNFCCC, GLASGOW CLIMATE PACT, at https://unfccc.int/sites/default/files/resource/cma2021_10_add1_adv.pdf（Last visited on July 28, 2022）。

③ 参见吕江：《应对气候变化与生物多样性保护的国际规则协同：演进、挑战与中国选择》，载《北京理工大学学报（社会科学版）》2022 年第 2 期。

下，发达国家和发展中国家集体同意努力缩小现有温室气体减排计划与减排所需之间的差距，以便将全球平均气温上升限制在 1.5℃ 以内。[①] 在此基础上，各国通过不断完善能源效率法律与政策以提高能源效率，为实现碳中和确定有效的法律保障机制。因此，《格拉斯哥气候公约》成为气候变化背景下能源效率法律规制又一重要的国际法依据。

5.《联合国气候变化框架公约》下的其他系列文件

除上述公约之外，能源效率法律规制的国际法律依据还包括各次缔约方大会所达成的国际协议、签署的国际文件。如 2007 年在印度尼西亚巴厘岛通过的"巴厘岛路线图"，落实了《联合国气候变化框架公约》设定的减排时间表，强调了适应气候变化问题、技术开发和转让问题以及资金问题，规定了双轨谈判，要求发达国家 2020 年前温室气体减排达到 25% 至 40%，发展中国家和未签署《京都议定书》的发达国家（主要是美国）采取进一步应对气候变化的措施；2009 年在丹麦首都哥本哈根签订《哥本哈根协定》，使《联合国气候变化框架公约》和《京都议定书》缔约方会议分别通过了两个工作组继续按"巴厘岛路线图"，授权完成谈判的决定；2011 年在南非的德班会议保留了《京都议定书》的温室气体减排法律框架，决定从 2013 年起实施《京都议定书》第二承诺期，启动"绿色气候基金"，并在坎昆会议的基础上进一步明确和细化了适应、技术、能力建设和透明度的机制安排。[②] 此后的多哈会议、华沙会议、利马会议、巴黎会议、波恩会议等联合国气候变化会议促进了《联合国气候变化框架公约》的全面、有效实施。

综观《联合国气候变化框架公约》下各次缔约方大会所达成的温室气体减排协议及相关文件，都是国际社会共同应对气候变化所达成的共识。而能源效率法律规制正是在《联合国气候变化框架公约》下，各国履行减排承诺，承担

---

① 参见 UNFCCC, THE GLASGOW ClIMATE PACT -KEY OUTCOMES FROM COP26, at https：//unf-ccc. int/process-and-meetings/the-paris-agreement/the-glasgow-climate-pact-key-outcomes-from-cop26（Last visited on July 28, 2022）。

② 参见孙钰：《德班：激烈交锋博弈 艰难达成决议》，载《环境保护》2011 年第 23 期。

全球共同应对气候变化国际义务的理智选择。因此,《联合国气候变化框架公约》下的各项法律文件成为各国提高能源效率和能源效率法律规制的国际法依据,成为各国的能源效率立法基础,也为各国创新能源效率措施提供了依据,大大扩展了能源效率的内涵,将其从单一的应对能源危机、保障能源安全扩展至应对全球气候变化的多视角、新高度上来,实现能源安全与环境保护目标的协调统一。

(二)《能源宪章条约》及其《能源效率和相关环境问题议定书》

19 世纪 70 年代第一次石油危机爆发后,为保障能源供需平衡,社会各界开始重视能源安全问题。由于第二次石油危机造成的油价上涨、人们环保意识的逐渐提高和工业竞争加剧等因素的影响,西方国家普遍开始强化能源保护政策,能源效率项目在成本有效性和减轻环境影响方面的作用被充分显示出来。[①]当前,气候变化问题成为国际社会最为重视的问题之一,提高能源效率也已经成为气候变化应对、经济结构调整和能源安全保障的重要措施。在此背景下,提高能源效率的政策和措施得到进一步加强和发展。其中,《能源宪章条约》及其《能源效率和相关环境问题议定书》已成为国内能源效率法律制度建设的重要国际法依据。

1. 《能源宪章条约》

《能源宪章条约》以 1991 年《欧洲能源宪章条约》为基础,于 1994 年 12 月 17 日在里斯本举行的缔约国部长会议上获得通过,并于 1998 年 4 月 16 日生效。《能源宪章条约》是为促进国际社会能源领域的长期合作而创建的一个法律框架,目的在于建立一个面向 21 世纪开放的、非歧视性的国际能源市场,为所有缔约方在能源效率等领域的合作创造了一个良好的环境。[②]

[①] 参见李晓婧、荣丹萍:《简评〈能源宪章条约〉中有关能源效率和环境保护的条款》,载《今日科苑》2007 年第 14 期。

[②] 参见国家发展计划委员会编:《能源宪章条约(条约、贸易修正案及相关文件)》,中国电力出版社 2000 年版,第 42—44 页。

《能源宪章条约》作为促进能源领域的长期合作而建立的法律框架，其大多数条款虽是关于国际能源投资和贸易的规定，但其第1条将"最大限度地降低能源污染，鼓励提高能源效率"确立为一项基本原则，并直接将"追求可持续发展"作为该条款的订立目的之一。可以说，"《能源宪章条约》是第一个具有法律约束力的国际能源法律文件，更是第一个将环境规范纳入能源立法领域的国际法律文件。它改变了国际社会应对全球环境问题仅限于国际环境法向度上一维考量的缺失，标志着国际社会在国际能源法向度上处理全球环境问题的开始"①。

《能源宪章条约》第19条规定："缔约方应……（d）特别重视提高能源效率，发展和使用可再生能源，促进清洁能源的使用，促进降低污染的技术和技术手段的应用"②，要求缔约方在能源政策的形成和实施过程中考虑环境因素，考虑提高能源效率，促进研究、开发、运用节能和环境友好型技术，以及提高国际认识，促进缔约方交换相关环境信息，等等③。这实际上是要求各缔约方通过制定能源政策等措施以保障能源效率的提高。而气候变化背景下的能源效率法律规制正是实现这一要求的最有力工具。因此可以认为，《能源宪章条约》是气候变化背景下能源效率法律规制的最直接的国际法依据。

《能源宪章条约》第19条还规定："为追求可持续发展和考虑已签署有关环境问题方面的国际条约所规定的义务，每个缔约方应努力以经济有效的方式，减少其境内能源活动周期的所有活动对其境内外环境产生的有害影响，并且应考虑到安全性……"④可见，该条约考虑到减少境内各种能源的勘探、开采、生产、转化、储藏、运输、分配和消费等能源周期活动对境内外环境产生的有害影响。其要求各个参加国在区域内与能源利用有关的各个环节上，以最有效

---

① 参见杨洪：《论〈能源宪章条约〉中的环境规范》，载《法学评论》2007年第3期。

② 国家发展计划委员会编：《能源宪章条约（条约、贸易修正案及相关文件）》，中国电力出版社2000年版，第43页。

③ 参见程荟著：《欧盟新能源法律与政策研究》，武汉大学出版社2012年版，第53页。

④ 国家发展计划委员会编：《能源宪章条约（条约、贸易修正案及相关文件）》，中国电力出版社2000年版，第42页。

的经济管理方法减少对环境的影响。① 这实际上正是气候变化背景下能源效率法律规制的目的所在。能源效率法律规制的目的在于通过提高能源效率减少能源周期活动对环境,尤其是对气候系统所造成的不利影响。因此,《能源宪章条约》理应是气候变化背景下能源效率法律规制的重要国际法依据。

2. 《能源效率和相关环境问题议定书》

1998年,《能源宪章条约》缔约方签署了《能源效率和相关环境问题议定书》,指出:议定书缔约方意识到在供给安全性方面的改善以及通过采取提高能源效率和成本有效的措施而得到的重大经济和环境收益;意识到这些措施在经济重组和改善生活水平方面的重要性;认识到提高能源效率将会减少能源链带来的对环境的负面影响,包括全球气候变暖和土壤酸化;渴望承担在能源效率和相关环境保护领域内的合作和共同行动,渴望通过一个议定书为尽可能经济有效地使用能源提供一定框架②,并将"推进与可持续发展一致的能源效率政策;创造促使生产者和消费者有可能以经济、有效及环境友好的方式使用能源的框架条件,特别是通过组织有效的能源市场和全面反映环境成本和收益的机制来创造这种框架条件;鼓励能源效率领域合作"③ 作为其目标。其宗旨是"为促进能效提高确定政策原则;为促进相互合作与共同行动提供框架原则;为能源效率计划提供指导;确定合作领域"④,并且提出加强能源效率原则,其中包括"建立相应的市场机制、基于真实的能源和环境成本的价格体系、成本有

---

① 参见履约理事会会长 Paul Vlaanderen、布鲁塞尔能源宪章秘书处:《能源效率及其相关的环境方面的议定书》,载《能源宪章条约(条约、贸易修正案及相关文件)》,国家发展计划委员会编,中国电力出版社2000年版,第222页。

② 参见国家发展计划委员会编:《能源宪章条约(条约、贸易修正案及相关文件)》,中国电力出版社2000年版,第109页。

③ 参见履约理事会会长 Paul Vlaanderen、布鲁塞尔能源宪章秘书处:《能源效率及其相关的环境方面的议定书》,载《能源宪章条约(条约、贸易修正案及相关文件)》,国家发展计划委员会编,中国电力出版社2000年版,第111页。

④ 国家发展计划委员会编:《能源宪章条约(条约、贸易修正案及相关文件)》,中国电力出版社2000年版,第223页。

效的能源政策、透明的法律法规、技术传播和转移、加强和投资"① 等内容。

《能源效率和相关环境问题议定书》规定，各缔约方应相互合作，并适时地在开发和实施能源效率政策、法律和规章方面互相支持；各缔约方应该制定能源效率政策以及适当的法律和管理框架；各缔约方应该努力通过能源链获得能源效率的全面利益。② 为此，在考虑环境状况的情况下，应尽最大努力制定和实施能源效率政策；各缔约方在相互合作或采取一致行动时，应当充分考虑其参加的国际协议的宗旨在保护和提高环境方面的有关原则。并详细说明了用于提高能源效率获得巨大的能源资源以及因此而减少能源系统对环境产生的负面影响的政策性原则。

可见，《能源效率和相关环境问题议定书》将能源效率和减轻环境影响纳入其中，并致力于在放慢能源消费和相关排放的增长速度的同时保持经济增长。③ 该议定书不但引入了可持续发展的概念并将其确立为制定能源效率政策的基本原则，还设定了更多更有意义的能源效率义务。④ 如其中规定，在各国相关的特定能源条件下，需要在与能源有关的各个环节明确提高能源效率和减轻环境影响的战略与政策目标。⑤ 该议定书将促进社会成本和成本有效原则的应用，且被纳入能源效率政策中，并支持可持续发展，为提高能源效率和促进相互合作创造条件。⑥ 它已成为一个众所周知的能源效率原则，并被写入由许

① 参见国家发展计划委员会编：《能源宪章条约（条约、贸易修正案及相关文件）》，中国电力出版社 2000 年版，第 222 页。

② 参见履约理事会会长 Paul Vlaanderen、布鲁塞尔能源宪章秘书处：《能源效率及其相关的环境方面的议定书》，载《能源宪章条约（条约、贸易修正案及相关文件）》，国家发展计划委员会编，中国电力出版社 2000 年版，第 221—227 页。

③ 参见履约理事会会长 Paul Vlaanderen、布鲁塞尔能源宪章秘书处：《能源效率及其相关的环境方面的议定书》，载《能源宪章条约（条约、贸易修正案及相关文件）》，国家发展计划委员会编，中国电力出版社 2000 年版，第 224 页。

④ 参见桑东莉著：《气候变化与能源政策法律制度比较研究》，法律出版社 2013 年版，第 62 页。

⑤ 参见履约理事会会长 Paul Vlaanderen、布鲁塞尔能源宪章秘书处：《能源效率及其相关的环境方面的议定书》，载《能源宪章条约（条约、贸易修正案及相关文件）》，国家发展计划委员会编，中国电力出版社 2000 年版，第 224 页。

⑥ 参见李晚婧、荣丹萍：《简评〈能源宪章条约〉中有关能源效率和环境保护的条款》，载《今日科苑》2007 年第 14 期。

多国家支持的有法律约束力的文件中。该议定书作为参加国以能源效率为目标发展和完善本国法律、政策与计划的重要依据，其本身就是一项重要成就。各缔约方在相互合作或采取一致行动时，应充分考虑其共同参加的国际协议旨在保护和提供环境的有关原则；各缔约方应该就开发、实施和不断更新其能源效率计划，使之与其环境相适应。可以说，《能源效率和相关环境问题议定书》为提高能源效率和减轻环境影响提供了一个法律框架，成为能源效率法律规制的国际法依据。

总之，气候变化背景下能源效率法律规制强调通过法律手段保障能源效率的提高，使能源从开采、生产到使用的源头及全过程温室气体排放量减少，以实现气候变化应对。因此，《能源宪章条约》和《能源效率和相关环境问题议定书》是气候变化背景下能源效率法律规制最直接的国际法律依据。

三、气候变化背景下能源效率法律规制的核心：保障环境安全

提高能源效率是促进我国环境安全的必然选择。只有提高能源效率，才能保障我国经济的可持续发展。更为重要的是，提高能源效率也是我国生态文明建设的重要组成部分。气候变化背景下能源效率法律规制不仅是气候变化应对的有效方式，而且是能源安全保障的重要途径。而气候变化应对和能源安全保障的最终结果都是保障环境安全。因此，气候变化背景下的能源效率法律规制的核心是保障环境安全。

（一）环境安全

20 世纪 90 年代后期，随着全球安全问题的新发展和环境问题的凸显，人们逐渐开始关注人类对环境破坏后所引起的环境安全问题。此后，环境安全成为安全问题的重要内容。

环境安全的内涵包括两个方面：一方面，环境安全是指环境的有序性。这种有序性是环境的各种组成要素即一切自然物，不受外部力量的突发性影响，

而是通过生态系统的内部物质和能量循环，长期处于一种相对稳定的有序状态。另一方面，环境安全是指环境满足人类生存和发展的基本需求。即环境为人类提供生产和生活所必需的物质资料，防止由环境破坏导致的自然资源稀缺。因此，按照蔡守秋教授的观点，环境安全是指人类赖以生存发展的环境处于一种不受污染和破坏的安全状态，即自然生态环境和人类生态意义上的生存和发展的风险处于最小的一种状态。①

当前，环境安全已经成为国家安全的重要内容。环境安全问题的产生并非偶然，而是有其历史背景和现实原因的。首先，由于工业化和城市化进程的加快导致严重的环境污染和生态破坏是环境安全问题产生的重要因素；其次，生态系统的整体性使任一生态链条的环境破坏都有可能导致全局性的生态灾难，甚至威胁到整个国家和民族的兴衰；再次，环境安全问题与地球上的每一个人息息相关，使世界各国成为广泛的利益共同体；最后，因为环境破坏的不可逆性和生态系统恢复的长期性，使环境安全问题在国家安全的众多内容中更加凸显。

在当前人类社会可持续发展进程中，环境安全已经在整个国家安全体系中处于非常重要的地位。经济的可持续发展有赖于自然生态环境的可持续性，环境安全问题实际上是工业文明以来人类在征服自然活动中非理性开发和利用自然的结果。虽然社会、政治和军事安全是国家安全的核心内容，但它们都建立在环境、经济安全的基础上。可见，环境安全在某种意义上是经济安全的基础。因此，保障环境安全是最根本的安全问题。

（二）能源效率法律规制的核心是保障环境安全

能源安全与环境安全息息相关。作为世界第一大能源消费国，我国的能源安全问题关系到包括环境安全在内的国家安全的重大战略问题。

1974 年 11 月，国际能源署（IEA）首次提出了以稳定原油供应和合理价格

---

① 参见蔡守秋：《论环境安全问题》，载《安全与环境学报》2001 年第 5 期。

为中心的能源安全概念①，即能源安全是指不论在何种情况下、通过何种方式都能够以可以接受的价格获得足够的能源。国外有学者认为，能源安全是公民、社会和国家对一次能源与电力的可靠和连续供应免受内外威胁的一种保障状态，反映了保持国家安全和经济安全的必要程度。② 对于多数依靠进口来保障能源供应的工业发达国家，其能源安全首先是指在可接受的经济条件下保证从外部长期连续进口能源。③ 显然，以上关于能源安全概念仅强调能源供应安全。笔者认为，现代意义上的能源安全并不仅仅是能源供应安全，还应包括能源环境安全。能源供应安全强调能源供应的稳定性，是满足国家经济发展和人民正常生活所需能源供应的稳定性与连续性。④ 而能源环境安全则强调减少能源的生产、消费所带来的负外部性，强调保障环境、经济和能源的协调发展，而不应破坏地球生态系统的完整性和危及未来世代对能源的需求。

气候变化背景下能源效率法律规制正体现了环境安全的内在要求，即在能源利用过程中充分考虑其对环境的负面影响，通过提高能源效率以减少由于化石能源的使用而产生的温室气体对气候系统的不利影响。能源安全不仅要考虑能源的有效供给，还要充分考虑其对环境的负面影响。随着人类使用能源特别是化石能源对人类经济社会发展的制约和对资源环境的影响越来越明显，当前国际社会对能源环境安全更加关注。能源效率的提高是控制温室气体排放最有效的方式之一。气候变化背景下能源效率法律规制就是强调在生态文明理念指导下，通过改变传统的粗放式的能源利用方式，以提高能源效率，减少传统化石能源的消耗，从而控制温室气体排放，实现经济社会发展与生态环境保护双赢，而这些也正是环境安全的本质要求。可见，气候变化背景下的能源效率法律规制注重的是保障能源环境安全。因此，气候变化背景下的能源效率法律规制的核心是环境安全。

---

① 参见陆忠伟主编：《非传统安全论》，时事出版社 2003 年版，第 165 页。
② 参见谭柏平、黄振中：《论我国能源法的四项基本原则》，载《中外能源》2010 年第 8 期。
③ 参见谭柏平、黄振中：《论我国能源法的四项基本原则》，载《中外能源》2010 年第 8 期。
④ 参见白平则：《我国能源安全保障的法律问题探讨》，载《经济问题》2007 年第 1 期。

第三章　气候变化背景下能源效率法律规制的合理性

在市场经济条件下，能源效率的提高会受到市场失灵和政府失灵等多种因素的影响，为克服和矫正这些问题，需要在国家干预理论、企业社会责任理论，以及我国当前环境保护现状、能源战略需求和国内外气候变化合作等现实基础之上，探讨构建新的法律规制体系的合理性。

一、理论契合：国家干预理论与企业社会责任理论

气候变化背景下的能源效率法律规制不仅能够克服市场失灵和政府失灵的弊端，而且还与国家干预理论和企业社会责任理论相契合，从而能够有效应对气候变化，实现环境安全。

(一) 国家干预理论的契合

1. 国家干预理论

不可否认，通过发挥市场机制的作用，可以对社会资源进行整体的优化配置，以此促进国民经济的发展与繁荣。但是，市场并非万能的，其也会出现不尽如人意之处。随着 20 世纪 30 年代资本主义国家经济危机的爆发，以提倡市场机制，反对人为干预经济，主张"市场万能"的自由经济理论的破灭，主张国家干预经济的凯恩斯理论备受推崇。凯恩斯提出有效需求不足理论，认为对商品总需求的减少是经济衰退的主要原因。由此出发论证了必须由国家来控制

宏观经济活动，以消除完全自由经济体制的缺陷，保障经济平稳运行。即通过政府的财政及货币政策，对消费和投资等方面进行干预，在宏观上平衡供给和需求。凯恩斯理论属于宏观经济学，以国家干预主义为基本原则，其建立的宏观经济理论和宏观经济政策在 20 世纪 30 年代经济危机后逐步取代经济自由主义成为主流经济学。

但是，从 20 世纪 70 年代开始，凯恩斯主义也开始遭到广泛的批评，原因在于经济政策以绝对意志为主导并不符合资本主义经济自由发展的本质和要求。供给学派等主张削弱国家干预，重视市场自发调节机制，由此国家干预理论不断地进行修正，各国在制定和执行政策过程中也在不断寻求国家干预与发挥市场自主调节作用之间的平衡点，保持国家干预力度适度。现代经济学中，纯粹的自由主义或国家干预都是不存在的，现代经济学不再将市场和政府对立起来，而是更注重研究市场和政府之间的平衡，以集权和分权的适当结合为基本原则。通过适度的政府干预解决市场配置资源带来的效率缺失。当代主要发达资本主义国家在运用国家干预理论发展市场经济的过程中，始终注重把握国家干预经济的"度"，以保障市场机制调节功能的充分实现。

2. 能源效率法律规制与国家干预理论

国家干预理论发展到今天，对于市场和政府的关系有了基本的界定，即政府的作用是用来弥补市场失灵而不是替代市场发挥资源配置作用的。无论是市场经济还是计划经济，都必须处理好市场和政府的关系，把握好国家干预经济的度。我们在探讨气候变化背景下能源效率法律规制时，如何处理政府与市场的关系就是现代经济学国家干预理论给我们的启示。在能源效率管理中，政府具有双重性，一方面政府作为执法主体，要对经济进行管理、干预和协调；另一方面国家（政府）有时也作为市场经济主体或主体代表进行市场行为。这就需要在我国气候变化背景下的能源效率法律规制的研究中，运用国家干预理论处理好市场失灵和政府失灵的问题，协调好政府与市场的关系。能源效率法律规制其核心价值与首要目标就是要在提高能源效率的过程中，以法治的手段界定政府作用的边界，制定发挥市场调节作用的制度体系，既能发挥市场配置资源的主导作用，又能通过适度的政府运作，弥足市场的不足，使政府和市场形成一种平衡和谐。

（1）能源效率法律规制是对市场失灵的克服

根据经济学理论，原始社会后期，人类社会开始出现商品生产和商品交换。到了封建社会末期，资本主义商品生产开始形成并快速发展，日益占据社会经济的主导地位。当商品经济发达并上升为社会经济的主导地位后，它又被称为市场经济。市场经济经历了自由市场经济与现代市场经济两个阶段。"市场失灵"（Market failure）是自由市场经济发展到一定阶段的产物，其意为市场机制的无效率，表现为市场难以发挥其对资源的优化配置，即在资源配置上难以实现帕累托最优。在商品生产和商品交换不太频繁的自由市场经济时期，由于价值规律能够充分发挥其对资源的优化配置，市场机制能够促进商品生产、交换、促进人类社会生产力的向前发展和经济的繁荣。但是，在19世纪末进入现代市场经济阶段后，商品交换大规模化，社会经济的调节机制市场机制出现了唯利性、盲目性与滞后性等固有缺陷，使市场机制无法有效配置资源，导致市场失灵。主要表现在以下四个方面：

第一，公共产品缺失。公共产品具有非竞争性、非排他性特征，可以供社会成员共同享用，对于社会而言，是有着重要意义和价值的、社会不可或缺的公共产品，如大气环境、国防、公共图书馆、公园等。由于市场的逐利性，市场主体以追求个体利益最大化为目标，很难做到"损己利人"而积极参与公共产品的供给。因而，市场机制在满足公共产品需求上基本处于无效率状态。

第二，负外部效应的产生。在市场逐利性的驱动下，经济活动主体在获取自身利益的同时，会放任其逐利活动对与此无关的第三人所产生的有害影响，即负外部效应。例如，企业为获得利润最大化而对生产过程中产生的二氧化碳等温室气体不加限制和治理，对其采取放任态度，由此最终导致的气候变化便是典型的环境负外部效应。

第三，信息不对称。在市场经济活动中，市场主体对于有关经济活动的市场信息掌握充分，往往会在竞争中处于有利地位；相反，对于信息掌握不够充分的一方，则处于不利地位。显然，处于信息弱势地位的市场主体的利益会因此而受到严重损害。

第四，竞争失效。竞争是市场机制动力的源泉。在现代市场经济阶段，由于市场主体间资金、技术、信息等方面存在差异，可能导致市场主体在竞争中出现实力过于悬殊的情况，产生垄断，从而出现不完全竞争现象。结果导致价值规律难以发挥作用，市场对资源的优化配置功能不能充分发挥作用，造成市场失灵。

就气候变化背景下的能源效率法律规制而言，如果单纯地依靠市场机制，交易的双方往往因为信息的不对称导致一方处于弱势地位，如企业一般作为交易的一方，占有大量的环境信息，而个人或某一特定区域，往往在获得或占有信息时处于不利地位，这种不对称性必然导致不公平的现象增多和效率的低下。此外，单独依靠市场调节不能对能源开发、运输、使用等过程所带来的负外部性和其过程中产生的正外部性加以合理的分离与量化，往往导致环境负外部性的不加区分的均担以及环境正外部性所提供的环境利益的不合理分享。在此情况下，单纯的市场调节无法提供环境权利义务的公正配置方案，也不可能实现对环境弱势群体的公正保护。

按照现代经济学原理，对市场失灵进行矫正，一种是市场化手段，另一种是非市场化手段。由于空气属于纯公共物品，具有非排他性和非竞争性，自由竞争的市场机制不能排除能源使用者的温室气体排放行为。按照科斯的第三定理，明确产权和产权在外部性控制中具有意义。对于应对气候变化中的市场失灵，该理论的解释是市场失灵是由气候环境的公共物品属性决定的，通过产权界定可以弥补市场失灵。由于气候环境等具有公共物品属性，能界定其产权的只能是政府，而政府运用公权力界定产权就代表了国家干预。对此，萨缪尔森和诺德豪斯认为几乎所有的污染和其他影响健康与安全的外部效应采取直接的政府管制措施加以控制。① 经济学家米德也认为在市场体制不能解决个人利益和社会利益的对立所引起的社会问题如环境污染、资源枯竭等情况时，政府采取干预与控制措施是必要的。② 我国经过 30 多年的经济体制改革，在党的十九届五中全会通过的《中共中央关于制定国民经济和社会发展第十四个五年规划和二〇三五年远景目标的建议》，强调了充分发挥市场在资源配置中的决定性作用，也强调要更好发挥政府作用，推动有效市场和有为政府更好结合。③

按照法律经济学的观点，市场失灵需要政府通过法律干预市场。对市场失灵的矫正可以通过出台相关制度性措施排除对市场不必要的干扰，为市场作用的发挥创造充分的条件，从而实现资源配置的帕累托最优。而法律便是最典型的制度性机制。因此，对气候变化背景下的能源效率法律规制而言，应创制相应的制度性机制确保市场作用的充分发挥，以克服市场失灵为首要目标。

（2）能源效率法律规制是对政府失灵的矫正

毋庸置疑，市场失灵的后果非常严重。气候变化威胁着人类的生存、周期性的经济危机导致世界经济严重衰退等问题，造成人们对国家干预的期待与依赖。事实上，尽管市场失灵成为政府干预的前提，但政府干预并非必然产生理想效果。"市场之所短并非就是政府之所长，市场与政府并非总是可以相互替代取长补短的。"④ 因为政府也并非万能的，它也有自身能力的边界，它也会产生失灵。

尽管政府有实现公共利益的权能，但由于政府由自然人组成，自然人的经济人特性与不完全理性人特征都会对政府造成影响。为追求自身利益最大化，政府也不可避免地会带有经济人特性。如果没有良好的制度约束，政府实现公共利益的权能会被隐藏其后的经济人引向异化，成为其追逐私利的工具，导致

---

① 参见 [美] 保罗·萨缪尔森、威廉·诺德豪斯著：《经济学（上）》，萧琛等译，商务印书馆 2014 年版，第 320 页。

② 参见刘明明：《温室气体排放控制法律制度研究》，西南政法大学 2010 年博士学位论文。

③ 参见《中共中央关于制定国民经济和社会发展第十四个五年规划和二〇三五年远景目标的建议》，载《人民日报》2020 年 11 月 4 日，第 1 版。

④ 邱本著：《市场法治论》，中国检察出版社 2002 年版，第 183 页。

政府失灵。查尔斯·沃尔夫则认为政府失灵是由政府组织的内在缺陷以及政府供给与需求的特点所决定的政府活动的高成本、低效能和不平等。① 可见，政府失灵实际上是政府为弥补市场失灵而对经济、社会生活进行干预的过程中，由政府自身的局限性和其他客观因素的制约而产生的新的缺陷导致社会资源配置效率难以达到最佳的状态。换言之，政府失灵实际上是政府的非完全理性人及经济人特性的必然结果。政府干预经济的行为一旦不能有效控制，也会导致干预不足或干预过度等政府失灵的表现。

市场失灵需要弥补，而政府失灵也需要矫正。人的经济人特性决定了非全能政府的存在，而非全能政府的经济人特性只能通过制度加以抑制，而不可能完全根除。因此，矫正政府失灵势在必行，其手段有别于市场失灵的矫正，"如果市场越界，政府很容易加以抵制，如果政府越界，市场就无能为力"②。而可行的办法便是完善干预机制，通过制度建设对政府进行合理的限权与放权，建立法治政府，抑制政府的经济人特性，张扬其公共利益维护者的权能，使政府在干预市场失灵时严格追求公平与效率，注重科学与适度，并确立起政府干预的边界，在市场能有效运作之领域及时止步，避免越俎代庖。

就气候变化背景下的能源效率法律规制而言，它是各国为矫正市场调节失灵，有效应对气候变化采取的必要的合理的选择，保障环境安全，需要政府力量的介入，其介入之目的是确立一套高效的能源效率机制。而政府的非完全理性人特性决定了其在介入过程中可能会导致低效率与不经济，产生政府失灵，这就必须在提高能源效率过程中建立起对政府干预的约束机制，明确政府对能源效率的干预边界，避免无限放大政府在提高能源效率过程中的干预权能，在市场机制能够有效作用于能源效率提高时，约束政府之手的介入；在市场机制难以作用于能源效率提高时，政府才必须介入，以此降低提高能源效率的成本。

---

① 参见［美］查尔斯·沃尔夫著：《市场或政府——权衡两种不完善的选择/兰德公司的一项研究》，谢旭译，中国发展出版社1994年版，第52—55页。

② 李昌麒主编：《中国经济法治的反思和前瞻》，法律出版社2001年版，第111页。

而避免政府对提高能源效率的干预失灵，保证干预效率，就必须使政府干预制度化、规范化，即构建起对政府干预行为的强有力的法律调整机制，其核心便是能源效率法律规制体系的建立，通过能源效率法律规制既给政府干预提供合法依据，又为其干预行为设定合理边界，避免政府在履行提高能源效率的干预职责时出现偏差，产生新的政府失灵。换言之，能源效率法律规制在确认政府干预权力的同时还起着控制与约束政府权力的作用，促使政府依法严格行使权力，而这一理念正好与国家干预理论相符合。

（二）企业社会责任理论的诉求

1. 企业社会责任理论

企业社会责任是在人类反省工业化进程中出现的经济危机、环境污染、能源匮乏等社会问题时出现的，最初产生于 20 世纪初的美国，其基本观念就是企业对其所有利益相关者负责。[①] 此后，理论界也开始关注企业社会责任理论。在 20 世纪 30 年代，美国哈佛大学法学院的多德（Dodd）教授认为即使在法律没有明文规定企业社会责任的情况下，企业对员工、消费者和公众依然负有社会责任，这是企业管理人的职业道德。[②] 至于企业社会责任到底包括哪些内容则众说纷纭，密尔顿·弗里德曼认为在不违背游戏规则的情况下，企业的社会责任就是使用其掌握的资源，并致力于设计完备的、能够增加公司利润的活动。[③] 詹姆斯·E. 波斯特等认为："企业应当对其影响他人、环境、社会的任何行为负有责任。企业必须认识到自身的巨大力量，并发挥它来造福社会。"[④] 总体而言，西方学者除个别人将盈利作为企业的社会责任外，其他基本都认为

---

① 参见卢代富著：《企业社会责任的经济学与法学分析》，法律出版社 2002 年版，第 38—39 页。

② E. Merrick Dodd, "For Whom Are Corporate Managers Trustees", *45 Harvard Law Review*, 1145-1163 (1932)。

③ ［美］林恩·夏普·佩因著：《领导、伦理与组织信誉案例》，韩经纶等译，东北财经大学出版社 1999 年版，第 388 页。

④ ［美］詹姆斯·E. 波斯特等著：《企业与社会：公司战略、公共政策与伦理》，张志强等译，中国人民大学出版社 2005 年版，第 73 页。

企业在谋求股东利润最大化之外，企业应对股东以外的员工、消费者、环境等诸多利益相关方承担责任。国内学者将企业社会责任界定在几个方面，一是企业不以营利为唯一目的；二是有必要增进股东利益外的其他所有社会利益，包括雇员利益、消费者利益、环境利益、社会弱者利益及整个社会公共利益等内容。[1]

2. 能源效率法律规制与企业社会责任理论

企业环境责任是企业社会责任的一部分，无论学者们论述企业社会责任的内涵和外延存在怎样的分歧，在这一点上都是一致的。1971 年 6 月，美国经济发展委员会在《商事公司的社会责任》的报告中将污染防治、资源保护再生与教育、医疗服务、对政府的支持等共 10 个方面内容归为企业社会责任的范畴。[2]企业在追逐经济利益的过程中既伴随着自然资源的使用，也伴随着环境污染，企业既是自然资源使用的主体，也是环境污染的主体。企业开发环保技术、使用环保设备是实现资源高效利用的最主要途径，企业对资源的合理利用和对环境的保护是公众对企业承担社会责任最迫切的要求。企业社会责任理论要求企业在生产经营过程中兼顾人与自然的和谐发展，通过调整企业生产经营行为达到社会经济发展的可持续性。气候变化背景下能源效率法律规制符合企业社会责任理论的本质要求，主要体现在以下几个方面：

（1）能源效率法律规制要求企业尊重自然规律，合理利用能源资源

开发和利用自然环境给我们提供的各种能源资源是人类维持自身最基本的生存需求所必不可少的。一般而言，能源资源是不可再生的，如果人类违背自然规律，肆无忌惮地开发和利用能源资源，将会使不可再生资源枯竭，可能使人类受到自然的惩罚。因此，企业尊重自然规律，合理利用能源资源，就需要首先认识到其生产活动向自然取用的原料和能源是不是不可再生资源。对于可

---

① 参见刘俊海著：《公司的社会责任》，法律出版社 1999 年版，第 7 页。

② *Social Responsibilities of Business Corporations*, Committee for Economic Development, June 1971, p. 11。

再生能源而言，不仅要提高能源效率，还要遵循自然规律并加以利用，不破坏资源的再生性和可持续性，保护地球的生态平衡；对不可再生能源而言，在整个能源的开发、运输和使用等过程中要科学规划，有节制地使用能源资源，尽力提高能源效率，充分发挥能源资源应有的价值。同时，通过开发替代能源，使不可再生能源为人类社会服务的时间尽可能延长。随着我国经济的不断发展，尊重自然规律，合理利用能源资源、减少由于传统粗放式的经济发展模式对化石能源的使用而对大气环境所产生的负外部效应就成了企业重要的社会责任。

另外，在对能源资源的利用过程中，可能也会造成一定的环境损害。如果不进行及时修复（remediate），环境损害经过持续性的累加，将会使环境要素间高度适应性的平衡被破坏，并难以恢复。对于企业而言，如果能源资源遭到毁灭性破坏，企业也将无法利用能源资源而持续经营下去。因此，开发利用环境资源的企业和个人，有责任对环境进行恢复、整治和养护。企业在这个过程中必须及时修复环境，保持环境的物质交换系统和能量交换系统正常发挥作用，而不能只利用、不修复，更不能无节制地利用能源资源，致使能源资源无法自我更新，最后演变成全球性的能源危机。

（2）能源法律规制要求企业遵循提高能源效率的标准和制度

经济社会的可持续发展首先是一种发展模式，是对"零增长""不发展"的否定。企业环境责任要求企业尊重自然规律，合理保护环境，合理利用能源资源，但并不绝对否定企业对环境资源的合理利用。企业应在可持续发展理念的指导下，在对环境资源的利用中考虑环境自身承载能力，不能毫无节制地、粗放式地利用自然资源，以最大限度地减少对煤炭、石油等化石能源的比重，进一步降低温室气体的排放，实现经济、社会、生态三位一体和谐的可持续发展。

气候变化背景下的能源效率法律规制的目的之一就是要尽力避免企业在能源的开发、运输和使用中对环境所产生的负外部效应。气候变化背景下的能源效率法律规制要求企业不仅要尊重自然规律，合理利用能源资源，而且要实行能源效率标识制度、合同能源管理制度、节能自愿协议、能源需求侧管理、企业节能自我管理制度和信息公开制度等相关的能源效率标准和制度。这些能源效率标准和制度的推行可以激励和督促企业从不同侧面提高能源效率，减少温室气体排放。如家用电器生产企业实行能源效率标识制度可以使企业在产品的生产和设计阶段考虑如何使产品在使用过程中提高能源效率，减少能源消耗；并且还可以使消费者便于辨认和选择能源效率高的家用电器，以更好地促进全社会共同提高能源效率、减少温室气体排放，保障环境安全。另外，企业环境信息公开意味着企业将自己置于全社会的监督之下，其在生产过程中对环境的污染和能源的大量利用必然引起政府与公众的广泛关注，从而不得已要加大对环境保护成本的投入。显而易见，企业承担环境责任进行环境信息公开和实行提高能源效率等措施不仅不会限制企业的自身发展，还会使企业在一定程度上更具竞争力。可见，这些能源效率标准和制度的推行都是企业社会责任理论的内在要求。

因此，气候变化背景下的能源效率法律规制与企业社会责任理论相契合，能够使企业承担社会责任，从而对环境、能源资源进行保护和合理利用，有效应对气候变化，保障环境安全。

二、现实回应：生态文明建设

国民经济的快速发展带来了能源需求的不断增长和温室气体排放量的持续增加，使我国环境承载能力基本达到极限。同时，我国当前面临气候变化形势严峻，能源消费量大，能源效率低下，大气污染严重，能源发展结构不合理等重大挑战。因此，需要探讨一种有效的方式去应对这些问题。而气候变化背景下的能源效率法律规制正是应对这些严峻挑战的有效途径之一。

（一）生态文明建设背景下绿色发展理念的贯彻

"不谋万世者，不足谋一时"，面对环境污染严重、生态系统退化、资源约束趋紧的严峻形势,党的十八大报告提出大力推进生态文明建设的战略决策并提出 10 个方面的发展目标和措施要求。十八届三中全会进一步明确要改革现有的生态环境保护管理体制,要通过建立健全国土空间开发保护制度、深化资源性产品财税改革以及开展排污权等产权交易制度等完善生态文明制度体系,用制度保护生态环境。① 十八届五中全会通过的《中共中央关于制定国民经济和社会发展第十三个五年规划的建议》进一步强调树立创新、协调、绿色、开放、共享的发展理念②,以此破解发展的难题,厚植发展的优势。

　　多年来,由于我国经济的高速增长和对能源资源粗放式的利用,使得温室气体排放量不断增加,对气候系统造成了一定的影响。尽管国家采取了一系列措施应对气候变化,但气候变化形势依然严峻。在此情况下,《中共中央关于制定国民经济和社会发展第十四个五年规划和二〇三五年远景目标的建议》提出:"坚持绿水青山就是金山银山理念,坚持尊重自然、顺应自然、保护自然,坚持节约优先、保护优先、自然恢复为主,守住自然生态安全边界……促进经济社会发展全面绿色转型,建设人与自然和谐共生的现代化。"③ 党的二十大报告提出:"必须牢固树立和践行绿水青山就是金山银山的理念,站在人与自然和谐共生的高度谋划发展……统筹产业结构调整、污染治理、生态保护、应对气候变化,协同推进降碳、减污、扩绿、增长,推进生态优先、节约集约、绿色低碳发展。"④ 有鉴于此,当前相关法律制度体系建设也必须本着绿色发展的理念,坚持节约资源和保护环境的基本国策。而气候变化背景下的能源效率法律规制是在生态文明理念和可持续发展理念指导下进行的合理的制度设计,不仅可以有效提高能源效率,保障能源供应安全和能源环境安全,还能够贯彻绿色发展

---

　　① 参见《中共中央关于全面深化改革若干重大问题的决定》,载《人民日报》2013 年 11 月 6 日,第 1 版。

　　② 参见《中共中央关于制定国民经济和社会发展第十三个五年规划的建议》,载《人民日报》2015 年 11 月 4 日,第 1 版。

　　③ 参见《中共中央关于制定国民经济和社会发展第十四个五年规划和二〇三五年远景目标的建议》,载《人民日报》2020 年 11 月 4 日,第 1 版。

　　④ 习近平:《高举中国特色社会主义伟大旗帜 为全面建设社会主义现代化国家而团结奋斗——在中国共产党第二十次全国代表大会上的报告》,载《人民日报》2022 年 10 月 26 日,第 1 版。

理念，节约资源和保护气候环境，进而保障生态安全。可见，气候变化背景下的能源效率法律规制正是对生态文明建设背景下绿色发展理念的贯彻。

（二）推动能源效率革命以落实国家自主贡献目标

2015 年 11 月 30 日，习近平主席在巴黎气候大会开幕式上指出，"中国在'国家自主贡献'中提出将于 2030 年左右使二氧化碳排放达到峰值并争取尽早实现，2030 年单位国内生产总值二氧化碳排放比 2005 年下降 60%—65%，非化石能源占一次能源消费比重达到 20%左右，森林蓄积量比 2005 年增加 45 亿立方米左右"[①]。2020 年，中国宣布国家自主贡献新目标举措：中国二氧化碳排放力争于 2030 年前达峰值，努力争取 2060 年前实现碳中和；到 2030 年，中国单位 GDP 二氧化碳排放将比 2005 年下降 65%以上，非化石能源占一次能源比重将达 25%左右，森林蓄积量将比 2005 年增加 60 亿立方米，风电、太阳能发电总装机容量将达到 12 亿千瓦以上。[②] 2021 年 10 月 28 日，我国《联合国气候变化框架公约》国家联络人向公约秘书处正式提交《中国落实国家自主贡献成效和新目标新举措》和《中国本世纪中叶长期温室气体低排放发展战略》。在我国以煤炭为主的能源结构和粗放式的经济生产和消费方式，以及新能源和可替代能源的开发利用还需要长期过程的情况下，提高能源效率是实现我国 2030年、2060 年自主贡献目标和应对气候变化的合理选择。

为实现 2030 年、2060 年自主贡献目标，我国应当积极推动能源效率革命。其主要原因在于：我国处于社会主义发展初级阶段，人口数量庞大，人均资源占有量少，选择能源效率改革更为务实可行。随着经济的进一步发展，我国化石能源消耗总量还将进一步增长，减排目标实现也将更加困难。由于清洁能源利用技术开发和可替代能源应用均属于前沿科技范畴，研发难度大，资金规模

---

① 习近平：《携手构建合作共赢、公平合理的气候变化治理机制——在气候变化巴黎大会开幕式上的讲话》，载《人民日报》2015 年 12 月 1 日，第 2 版。

② 参见中华人民共和国国务院新闻办公室：《中国应对气候变化的政策与行动（2021 年 10 月）》，载《人民日报》2021 年 10 月 28 日，第 14 版。

大，投资回收周期长，且在短期内不可能实现突破性发展，以清洁能源和可再生能源大规模替代化石能源的消费还需经历相当长的发展阶段。我国目前的能源产业基本上是建立在以煤炭为主的化石能源结构基础之上的，煤炭依然是我国最基本、最主要的能源产出品和能源消费品，煤炭清洁高效利用是我国能源革命必须逾越的难点与重点，在现有的生产设备、工艺流程条件下，选择能源效率革命比选择可替代能源革命更经济。目前，应该以煤炭革命为突破口，提高煤炭的使用效率，降低相应的污染排放，避免环境风险灾难。

气候变化背景下的能源效率法律规制的目的是通过设计合理的能源效率法律规制方案，提高能源效率，减少温室气体排放，有效应对气候变化。显然，气候变化背景下的能源效率法律规制正是落实国家自主贡献目标、推动能源效率革命的有效方式。

（三）实现低碳经济发展的内在要求

气候变化影响越来越超越某一个国家或区域范围，成为国际社会一个普遍性和共同性的课题，可以说在应对气候变化方面，世界各国是一个相互联系的命运共同体。自《京都议定书》到"巴厘岛路线图"达成，低碳经济发展受到国际社会的广泛关注。低碳经济代表一种新型的能源消费模式和产业结构模式，以高能效、低排放为核心，通过能源技术创新、产业结构转型、新能源开发、制度创新等多种手段，降低高碳能源消耗，是人类生存发展观念的根本性转变。[①] 因此，制定全面系统的具有普遍约束力的气候法律或政策，增加低碳经济投入刻不容缓。

我国要发展低碳经济，需积极倡导低碳社会的生产、消费方式，建立起低碳社会生产、消费方式是发展低碳经济的关键。《中共中央关于制定国民经济和社会发展第十四个五年规划和二〇三五年远景目标的建议》提出，通过强化绿

[①] 参见杜群、王兆平：《国外碳标识制度及其对我国的启示》，载《中国政法大学学报》2011年第1期。

色发展的法律和政策保障，发展绿色金融，支持绿色技术创新，推进清洁生产，发展环保产业，推进重点行业和重要领域绿色化改造。推动能源清洁低碳安全高效利用。发展绿色建筑。开展绿色生活创建活动。降低碳排放强度，支持有条件的地方率先达到碳排放峰值，制定 2030 年前碳排放达峰行动方案等加快推动绿色低碳发展。① 为实现这些目标，我国未来必须建立清洁、低碳、高效的能源使用和管理体制机制，促进低碳经济发展。

提高能源效率是发展低碳经济所需的重要手段之一。② 我国低碳经济发展也面临着严峻的挑战。一方面，我国目前能源消费状况在短时期内难以满足低碳经济发展的需要。2014 年，我国标准煤的消耗占比依然高达 66%，即使到2020 年，这一比重也仅仅降到 56.8%。③ 资料分析显示，"十四五"时期，能源消费仍将刚性增长，能源保供压力持续存在。④ 2023 年 1 月，英国石油公司（BP）集团发布的《BP 世界能源展望》报告指出，过去一年，全球只是减少了部分化石能源供应，但社会经济生活却大受冲击，这也突出表明，能源低碳转型需要有序推进，从而使世界化石能源消费的下降能够与全球化石能源供应的减少相呼应，避免未来能源短缺和价格更加高企。这在一定程度上表明能源消费低碳化并非一蹴而就的。⑤ 另一方面，我国以传统化石能源为主的能源利用结构将在长期内继续维持。我国仍将在今后很长一段时间内以发展经济、减少贫困、提高人民生活水平、实现经济现代化作为重要任务。经济发展与环境保护间的矛盾与冲突仍是我国目前必须面对的问题。在经济快速增长的前提下，能源的需求量与消耗量仍将持续增加，温室气体排放总量仍将处于持续增长态

---

① 参见《中共中央关于制定国民经济和社会发展第十四个五年规划和二〇三五年远景目标的建议》，载《人民日报》2020 年 11 月 4 日，第 1 版。

② 参见于文轩著：《面向低碳经济的能源法制研究》，中国社会科学出版社 2018 年版，第 185 页。

③ 参见任平：《能源的饭碗必须端在自己手里——论推动新时代中国能源高质量发展》，载《人民日报》2022 年 1 月 7 日，第 5 版。

④ 参见丁怡婷：《"十四五"现代能源体系这样建》，载《人民日报》2022 年 3 月 24 日，第 2 版。

⑤ 参见 BP, BP ENERGY OUTLOOK 2003 EDITION, at https://www.bp.com/content/dam/bp/business-sites/en/global/corporate/pdfs/energy-economics/energy-outlook/bp-energy-outlook-2023.pdf（Last visited on July3, 2023）。

势。而转变传统生产生活方式，调整经济结构、提高能源利用效率、有效降低碳排放，促进经济向低排放、低污染方向的转型，发展低碳经济是我国应对经济发展和环境恶化矛盾的必然选择。低碳经济以高能效和低排放为主要特征，其高能效是首要特征，因此，提高能源效率是发展低碳经济的必然选择。而气候变化背景下的能源效率法律规制体系的建立不仅可以有效保障能源效率的提高，应对气候变化，还可以有力推动低碳经济的发展。

（四）治理大气污染以保护人体健康的现实需要

研究显示，如果空气污染排放量不变，由室外空气污染导致的过早死亡到了 2050 年可能会翻倍，每年预计会造成 660 万人过早死亡，主要增加的人群来自东南亚和西太平洋地区。[①] 2013 年 9 月，国务院颁布实施《大气污染防治行动计划》（简称"大气十条"）。此后，大气污染治理成为媒体、公众关注的焦点和热点。

研究表明，以雾霾为代表的大气污染发生的重要原因之一在于对煤炭、石油、天然气等传统化石能源的利用。2014 年，煤炭的消费比重达到 66%，占全球的 47.4%（全球总产量 81.65 亿吨）。[②] 因此，在我国新能源和可替代能源的开发利用在未来很长一段时期内还难以改变，难以摆脱对传统化石能源依赖的情况下，为治理以雾霾天气为代表的大气污染，保护人体健康，提高能源效率不失为一个明智的选择。

提高能源效率既能保证我国的能源供给安全，避免国际能源价格波动对我国国民经济生产的不利影响，规避能源供应中断对我国经济安全的致命损害，也能应对气候变化，控制大气污染。保护环境安全和推进生态文明建设。治理大气污染和应对气候变化是一场持久战，必须科学、技术、社会管理联合，科

---

① 参见唐凤：《研究揭示全球空气污染导致过早死》，载《中国科学报》2015 年 9 月 17 日，第 2 版。
② 参见王璐：《"十三五"能源战略优化路线图明晰》，载《经济参考报》2015 年 10 月 19 日，第 2 版。

技界应该为推动全球社会经济向可持续性发展转变提供所需的知识，提出迎接挑战、解决问题的方案。[①] 就我国而言，气候变化背景下能源效率法律规制体系的构建，正是顺应实行最严格环保制度的要求，有效提高能源效率，减少温室气体排放，以应对气候变化和减缓与治理以二氧化碳为主要污染物的大气污染。因此，气候变化背景下的能源效率法律规制不仅是应对气候变化的迫切要求和必要手段，也是治理大气污染，保障人民群众身体健康的必然要求和根本措施。

（五）控制能源浪费以确保能源资源的有效利用

第二次世界大战以来，现代工业的发展使人类形成了高消费、高享受的生活方式，人类通过消耗越来越多的自然资源来维持一种史无前例的生活方式，社会也正是通过消费大量商品刺激经济需求从而推动经济增长。这种以追逐利润最大化为目的工业化大生产，引发了"过度生产"与"过度消费"问题："过度生产"需要更多的原料；"过度消费"使整个社会的生活消费越来越膨胀，超出环境的承载能力。资本主义过度的扩张，甚至是病态性的扩张，以及它扭曲的道德价值观，使我们以商业与工业所建立的消费价值观为主。人类为了自己生活的便利和舒适，极力消耗地球上的所有资源以满足自己的生产和生活需求，而从地球榨取越来越多的能源、加工越来越多的物质。这种消费模式和经济增长方式越来越超过环境自身的承载能力，造成严重的环境污染以及生态的破坏。我们的环境早已因人类追求无度的物质生活而伤痕累累，支撑人类欲望与浪费的环境承载能力很快会被人类耗尽。

一段时期以来，在我国能源生产领域，能源经济增长方式粗放，能源结构不合理，新能源和可替代能源的开发利用不够是导致能源利用方式反"自然规律"的重要原因。据统计，2014年，能源利用粗放，综合能源效率不足40%，

---

① 参见秦大河：《气候变化科学与人类可持续发展》，载《地理科学进展》2014年第7期。

技术创新力不足，燃气轮机、电力电子等核心技术和关键装备与国外差距较大。[①] 2015 年 4 月，中华能源基金委员会发布的《CEFC 中国能源焦点 2014：清洁煤炭利用》报告指出，中国经历近 30 年的快速发展，以煤炭为主的能源消费结构亟须调整，以应对环境污染以及气候变化等多方面的挑战。[②] 2020 年 12 月，我国发布的《新时代能源发展白皮书》指出，中国能源生产和消费结构不断优化，能源利用效率显著提高，但是仍需提升重点领域的能效水平以全面推进能源消费方式变革，为维护世界能源安全、应对全球气候变化、促进世界经济增长作出积极贡献。[③] 可见，提高能源效率是控制能源浪费以确保能源资源有效利用以及应对气候变化的重要方面。正如有学者所指出的，虽然直接减排的能源强度共同受制于能源效率与能源结构的经济改善，但能源效率在能源强度改善中的作用依旧是明显的。[④]

全面节约和高效利用能源必须改变攀比式消费、炫耀式消费、浪费式消费等错误的能源消费观念，将其变成合理消费、科学消费、节约消费，树立节约集约循环利用的资源观。而气候变化背景下的能源效率法律规制能够从法律层面通过合理的制度设计提高节能标准，促进全民开展节能行动。因此，气候变化背景下的能源效率法律规制能够有效控制能源资源的浪费，确保能源资源有效利用。

（六）应对气候变化以推动国际气候谈判

气候变化对人类赖以生存的自然生态系统包括生态、气候、海洋、农作物生长均会带来致命的不可逆的破坏，也会对全球经济产生制约性的影响，使气

---

① 参见王璐：《"十三五"能源战略优化路线图明晰》，载《经济参考报》2015 年 10 月 19 日，第 2 版。

② 参见黄歆：《中国将引领世界清洁煤炭利用》，载《经济参考报》2015 年 4 月 27 日，第 6 版。

③ 中华人民共和国国务院新闻办公室：《〈新时代的中国能源发展〉白皮书》，https://www.gov.cn/zhengce/2020-12/21/content_5571916.htm，最后访问时间：2023 年 7 月 3 日。

④ 参见黄歆：《中国将引领世界清洁煤炭利用》，载《经济参考报》2015 年 4 月 27 日，第 6 版。

候问题日益成为一个国际性的政治议题，为应对气候变化带来的生态、经济、社会与政治上的不利影响，采取行动将是人类刻不容缓的选择。

当前，应对气候变化的核心是降低人类生产生活活动中温室气体的排放强度，关键是要降低化石能源消费中的二氧化碳的排放量。然而，按照国际能源署《1998世界能源展望》中的阐述，在没有引入新的政策和机制的前提下，世界主要能源的消耗增长幅度与温室气体（主要是二氧化碳）的排放增长幅度呈正相关关系，而温室气体（主要是二氧化碳）排放削减程度与经济增长呈负相关关系。[①] 也就是说，如果世界国民经济总产值提高，那么世界主要能源的总消耗量也近乎以同比例的幅度相应地增长。而为了保护环境，对温室气体（主要是二氧化碳）的排放进行相应的削减，其削减的幅度越大，世界经济总产值增长反而越容易变小，甚至根本无法实现。因此，应对气候变化，既要满足持续的经济增长、充足的能源供应和消耗，又要大量削减能源利用所产生的温室气体（主要是二氧化碳），采取什么样的行动成为摆在世人面前的现实课题。

笔者认为，能源消耗既要满足经济持续增长的需要，又要减少能源消耗过程中温室气体以及其他污染物的排放强度，提高能源效率是最有效、最重要的方式之一。气候变化背景下的能源效率法律规制能够有效保障能源效率的提高，进而应对气候变化，保障环境安全。

我国历来是国际气候变化应对的积极参与者和推动者，积极参与和推动气候变化应对谈判。2014年11月中美两国在北京发表的《中美气候变化联合声明》和2015年9月在华盛顿发表的《中美元首气候变化联合声明》中都提出了我国到2030年的二氧化碳减排目标。两次声明都强调了气候变化是人类面临的最重大的挑战之一，两国都应积极采取措施减少温室气体排放，共同推进绿色低碳和可持续发展，这对于推动全球气候谈判意义重大。2015年11月30日至12月11日在巴黎召开的气候大会是自2009年哥本哈根联合国气候变化大会以

---

① 参见杜群、杜志华：《防止气候变化的能源效率战略的实施机制和借鉴》，载《环境保护》2002年第7期。

来全球气候变化谈判最重要的历史节点。我国为推动这次气候大会取得成功，在 2015 年 6 月向联合国气候变化框架公约秘书处提交了应对气候变化国家自主贡献文件。该文件提出，将于 2030 年左右使二氧化碳排放达到峰值并争取尽早实现，2030 年单位国内生产总值二氧化碳排放比 2005 年下降 60%—65%、非化石能源占一次能源消费比重达到 20% 左右。① 2020 年 9 月，习近平主席《在第七十五届联合国大会一般性辩论会上的讲话》中提出，中国将提高国家自主贡献力度，采取更加有力的政策和措施，二氧化碳排放力争于 2030 年前达到峰值，努力争取 2060 年前实现碳中和。② 碳中和的核心在于提高能源效率。③ 2020 年 12 月，我国在气候雄心峰会上提出，到 2030 年，中国单位国内生产总值二氧化碳排放将比 2005 年下降 65% 以上，非化石能源占一次能源消费比重将达到 25% 左右，森林蓄积量将比 2005 年增加 60 亿立方米，风电、太阳能发电总装机容量将达到 12 亿千瓦以上。④

　　因此，对于我国而言，要实现 2030 年前碳达峰、2060 年前实现碳中和目标，进而实现温室气体减排目标，提高能源效率是其中的重要举措。而气候变化背景下的能源法律规制对于我国实现国家自主贡献目标和落实减排承诺，积极承担国际责任和义务，对于推动国际气候谈判在一定程度上起着积极的作用。

　　① 参见习近平：《携手构建合作共赢、公平合理的气候变化治理机制——在气候变化巴黎大会开幕式上的讲话》，载《人民日报》2015 年 12 月 1 日，第 2 版。
　　② 参见习近平：《在第七十五届联合国大会一般性辩论会上的讲话》，载《人民日报》2020 年 9 月 22 日，第 3 版。
　　③ 参见杨解君：《实现碳中和的多元化路径》，载《南京工业大学学报（社会科学版）》2021 年第 2 期。
　　④ 参见习近平：《继往开来，开启全球应对气候变化新征程——在气候雄心峰会上的讲话》，载《人民日报》2020 年 12 月 13 日，第 2 版。

第四章 国外能源效率法律规制比较与借鉴

一、国外能源效率法律规制之比较

(一) 欧盟能源效率法律制度

1. 欧盟能源效率法律制度概述

欧盟是全球能源效率最高的地区之一，非常注重节能和能源效率立法，制定了一系列旨在提高能源效率的法律和政策，涉及的领域包括耗能产品、建筑、能源运输和能源服务等。

1973—1974 年，第一次石油危机爆发。为缓解能源危机，欧盟于 1978 年制定了第一个能源效率政策 78/170/EEC。[①] 之后，于 1988 年出台了建筑材料指令 (89/106/EEC)，要求建筑材料环保健康，建筑工程使用时应具有能源经济性和保温性。[②] 20 世纪 90 年代，环境问题日益严重，能源效率问题越来越受到欧盟重视。1990 年，欧盟发布了《能源与环境》通报，突出强调了能源效率的作用，并要求未来制定能源政策时，要以此为基础，以减少能源对环境的负面影

---

① 参见 Council Directive 78/170/EEC of 13 February 1978 on the performance of heat generators for space heating and the production of hot water in new or existing non-industrial buildings and on the insulation of heat and domestic hot-water distribution in new non-industrial buildings, O J L 52, 23. 2. 1978, pp. 32-33。

② 参见 Council Directive 89/106/EEC of 21 December 1988 on the approximation of laws, regulations and administrative provisions of the Member States relating to construction products, O J L 40, 11. 2. 1989, pp. 12-26。

响。① 这一时期，欧盟通过了家用电器的能源、资源消耗的标识和产品标准信息指令②和 SAVE 综合指令③，这两个指令被认为是欧盟最为重要的能源效率指令。此后，为保障家用电器的能源、资源消耗的标识和产品标准信息指令的执行，欧盟又发布了一系列指令。2000 年，为了更新产品和建筑能源效率指令，欧盟委员会出台了提高能源效率行动计划（2000—2006）④，并于 2004 年出台了热电联产指令，以促进和发展基于内部能源市场的有用热需求和一次能源节约的高效热电联产，从而提高能源效率和改善能源供应安全。⑤ 2005 年，欧盟又发布了能源效率绿皮书——《用更少的资源办更多的事》，提出有效能源效率政策可以为欧盟竞争力和就业作出重大贡献，需要在国家层面制定年度能源效率行动计划。⑥ 2006 年，欧盟在《能源效率行动计划》（欧盟非正式首脑会议通过）中设立了到 2020 年减少总能耗 20% 的能源效率目标⑦。2008 年，欧盟

---

① 参见 Communication from the commission to the Council on "Energy and the Environment", COM (89) 369 final, Brussels, 8. 2. 1990。

② 参见 Council Directive 92/75/EEC of 22 September 1992 on the indication by labeling and standard product information of the consumption of energy and other resources by household appliances, O J L 297, 13. 10. 1992, pp. 16-19。

③ 参见 Council Directive 93/76/EEC of 13 September 1993 to limit carbon dioxide emissions by improving energy efficiency (SAVE), O J L 237, 22. 9. 1993, pp. 28-30。

④ 参见 Communication from the commission to the Council, the European Parliament, the Economic and Social Committee and the Committee of the Regions-Action Plan to improve energy efficiency in the European Community, COM (2000) 247 final, Brussels, 26. 4. 2000。

⑤ 参见 Directive 2004/8/EC of the European Parliament and of the Council of 11 February 2004 on the promotion of cogeneration based on a useful heat demand in the internal energy market and amending Directive 92/42/EEC, O J L 52, 21. 2. 2004, pp. 50-60。

⑥ 参见 Comission of the European Cmmunities . Green Paper on Energy Efficiency or Doing More with Less, COM (2005) 265 final, Brussels, 22. 6. 2005。

⑦ 参见赵浩君：《欧盟〈能源效率行动计划〉探析》，载《华北电力大学学报（社会科学版）》2007 年第 4 期。

出台了 2008/28/EC 指令①, 对 2005 年起通过的 "生态设计指令"② 及一系列配套实施条例进行了修改, 并于 2009 年发布了新的 "生态设计指令"③。

2011 年, 欧盟又掀起了新一轮节能和能源效率立法热潮。3 月 8 日, 欧盟委员会提出了《能源效率计划 2011》, 从建筑、工业、交通、公共部门、中小企业、大公司、能源密集型行业等方面阐述了应当采取的能源效率措施, 以消灭实现节省 20%一次能源消耗目标尚存在的差距, 并有助于能源独立和供应安全, 为到 2050 年实现资源有效利用和经济低碳发展提供帮助。④ 6 月 22 日, 欧盟委员会又迅速推出了新的能源效率指令提案, 对能源效率相关问题进行全方位规范, 提出了相应实施措施。⑤ 新的能源效率指令 (2012/27/EU) 于 2012 年 11 月 14 日公布, 同年 12 月 5 日生效, 2014 年 6 月 5 日前转化为成员国法律。2018 年 12 月, 欧盟修订了能源效率指令 (EU) 2018/2002, 提出要从生产到最终消费的整个能源链提高能源效率, 并为 2020 年和 2030 年制定了能源效率目标, 以减少初级和最终能源产品的能源消耗。⑥ 欧盟委员会于 2019 年 12 月 11 日在布鲁塞尔公布应对气候变化新政《欧洲绿色协议》, 为欧盟的经济社会发

① 参见 Directive 2008/28/EC of the European Parliament and of the Council of 11 March 2008 amending Directive 2005/32/EC establishing a framework for the setting of ecodesign requirements for energy-using products, as well as Council Directive 92/42/EEC and Directives 96/57/EC and 2000/55/EC, as regards the implementing powers conferred on the Commission, O J L 81, 20. 3. 2008, pp. 48-50。

② 参见 Directive 2005/32/EC of the European Parliament and of the Council of 6 July 2005 establishing a framework for the setting of ecodesign requirements for energy-using products and amending Council Directive 92/42/EEC and Directives 96/57/EC and 2000/55/EC of the European Parliament and of the Council, O J L 191, 22. 7. 2005, pp. 29-58。

③ 参见 Directive 2009/125/EC of the European Parliament and of the Council of 21 October 2009 establishing a framework for the setting of ecodesign requirements for energy-related products (Text with EEA relevance), O J L 285, 31. 10. 2009, pp. 10-35。

④ 参见 Communication from the commission to the European Parliament, the Council, the European Economic and Social Committee and the Committee of the Regions Energy Efficiency Plan 2011, COM (2011) 109 final, Brussels, 8. 3. 2011。

⑤ 参见程萕:《新能源视角下欧盟 2011 年节能与能效立法措施评析》, 载《湖南师范大学社会科学学报》2012 年第 4 期。

⑥ 参见 Directive (EU) 2018/2002 of the European Parliament and of the Council of 11 December 2018 amending Directive 2012/27/EU on energy efficiency (Text with EEA relevance), PE/54/2018/REV/1, O J L 328, 21. 12. 2018, pp. 210-230。

展提供了一个明确的路线图，指导欧盟各国加速向循环经济转型，提升资源和能源的利用效率，减少碳排放，以更好地应对气候变化。①

2. 欧盟能源效率立法的主要内容

欧盟能源效率立法在内容上体现出由早期分散化、碎片化逐步转变为综合性、较为全面的特点。其主要内容包括以下几个方面：

（1）能源效率立法目标

1993 年，欧盟在 93/76/EEC 指令中将能源效率立法目标表述为："通过提高能源效率……使成员国实现限制二氧化碳排放的目标。"② 2006 年，欧盟在《能源效率行动计划》中提出了在 2020 年前实现节能 20% 的目标③。这项颇具雄心的能源效率目标实际上是到 2020 年减少能源消费 20%，以实现降低对进口石油、天然气的依赖和削减其能源支出大约每年 1000 亿欧元。④ 如果这一目标能够实现，欧盟减少排放的二氧化碳预计将达到 7.8 亿吨，相当于欧盟在《京都议定书》中承诺减排量的两倍。⑤

（2）终端使用能源效率

2006 年，欧盟发布了《能源最终使用效率和能源服务指令》，要求成员国提高能源最终使用效率，有助于减少一次能源消耗，减少二氧化碳和其他温室气体排放，从而防止气候变化。⑥ 该指令同时要求成员国制定提高能源效率的计划和措施，并要求成员国应确保公共部门采取提高能源效率的措施，尤其是

① 参见邵恩丽：《欧洲拟在 2050 年前实现碳中和》，载《生态经济》2020 年第 2 期。

② Council Directive 93/76/EEC of 13 September 1993 to limit carbon dioxide emissions by improving energy efficiency（SAVE），O J L 237，22.9.1993，p.29。

③ 参见赵浩君：《欧盟〈能源效率行动计划〉探析》，载《华北电力大学学报（社会科学版）》2007 年第 4 期。

④ 参见桑东莉著：《气候变化与能源政策法律制度比较研究》，法律出版社 2013 年版，第 100 页。

⑤ 参见桑东莉著：《气候变化与能源政策法律制度比较研究》，法律出版社 2013 年版，第 100 页。

⑥ 参见 Directive 2006/32 /EC of the European Parliament and of the Council of 5 April 2006 on energy end-use efficiency and energy services and repealing Council Directive 93/76/EEC（Text with EEA relevance），O J L 114，27.4.2006，pp.64-85。

在最短时间内产生最大节能效率的成本效益措施。①

（3）建筑物能源表现

20 世纪 90 年代，欧盟开始对建筑能源效率进行法律规制，出台了对新建筑的隔热和建筑用能进行能源认证等相关立法。② 2002 年，发布了《建筑物能源性能指令》，规定进一步提高建筑能源效率的措施应考虑气候和当地条件以及室内气候环境和成本效益，它们不应违反有关建筑物的其他基本要求，例如可达性、审慎性和建筑物的预期用途；成员国对新建筑应满足为当地气候量身定制的最低能源效率要求，对一定规模以上的已有建筑进行重大改造应采取具有成本效益的措施提高能源效率，并在国家（或地区）层面对建筑物能源效率进行计算。③

2010 年，为实现 2020 年减少能源消耗总量 20% 的能源效率目标，欧盟颁布了新的《建筑物能源性能指令》。新指令提出了"近零能耗建筑"的建筑物能源表现目标，即到 2020 年 12 月 31 日，所有新建的建筑都是近乎零能耗建筑，公共机构新建或拥有的建筑必须在 2018 年 12 月 31 日后达到这一标准，且成员国应制定增加近零能耗的建筑数量的国家计划。④《能源效率计划 2011》认为最大的节能潜力在建筑物，进一步要求公共机构应率先将其建筑物的能源效率提高到较高的水平。⑤

---

① 参见 Directive 2006/32/EC of the European Parliament and of the Council of 5 April 2006 on energy end-use efficiency and energy services and repealing Council Directive 93/76/EEC （Text with EEA relevance），O J L 114, 27.4.2006, pp.64-85。

② 参见 Council Directive 93/76/EEC of 13 September 1993 to limit carbon dioxide emissions by improving energy efficiency （SAVE），O J L 237, 22.9.1993, pp.28-30。

③ 参见 Directive 2002/91/EC of the European Parliament and of the Council of 16 December 2002 on the energy performance of buildings, O J L 1, 4.1.2003, pp.65-71。

④ 参见 Directive 2010/31/EU of the European Parliament and of the Council of 19 May 2010 on the energy performance of buildings, O J L 153, 18.6.2010, pp.13-35。

⑤ 参见 Communication from the commission to the European Parliament, the Council, the European Economic and Social Committee and the Committee of the Regions Energy Efficiency Plan 2011, COM （2011）109 final, Brussels, 8.3.2011。

（4）用能产品标签（能源效率产品标识）

1992 年，欧盟通过了《关于家用电器的能源标签指令》，规定供应商在家用电器上贴能效标签，向消费者提供家用电器的具体能源消耗信息[1]，并于1994—2003 年，陆续颁布了一系列有关各类家用电器的能源效率标识实施指令，如《家用电冰箱、冰柜及其组合产品能效标识实施理事会指令（92/75/EEC）的委员会指令（94/2/EC）》《家用洗衣机能效标识实施理事会指令（92/75/EEC）的委员会指令（95/12/EC）》《家用电烤箱能效标识实施理事会指令（92/75/EEC）的委员会指令（2002/40/EC）》等。

2010 年，欧盟又发布了《能源相关产品消耗能源和其他资源的标签和标准产品信息指令》。该指令把用能产品的范围扩大到所有在使用中对能源消耗有直接或间接影响的能源相关产品[2]，为能源效率产品标识建立了一个新的法律框架。2010—2011 年，欧盟陆续颁布了一系列具体的条例以保障指令的执行。[3]2017 年，欧盟制定的《能源标签指令》明确了首次投放欧盟市场的所有产品，包括二手进口产品都应适用该指令，进一步扩大了用能产品标签的范围。[4]

（5）用能产品生态设计与最低能效要求

1992—2000 年，欧盟先后颁布 92/42/EEC 指令、96/57/EC 指令和 2000/55/EC 指令，分别对热水锅炉、冰箱、冷冻机及其组合件、荧光灯镇流器提出了最低能耗要求。2005 年，发布了 2005/32/EC 指令，制定了社区用能产品生

---

① 参见 Council Directive 92/75/EEC of 22 September 1992 on the indication by labeling and standard product information of the consumption of energy and other resources by household appliances，O J L 297，13. 10. 1992，pp. 16-19。

② 参见 Directive 2010/30/EU of the European Parliament and of the Council of 19 May 2010 on the indication by labeling and standard product information of the consumption of energy and other resources by energy-related products（Text with EEA relevance），O J L 153，18. 6. 2010，pp. 1-12。

③ 有关条例包括 Commission Delegated Regulation（EU）No 1059/2010, Commission Delegated Regulation（EU）No 1060/2010, Commission Delegated Regulation（EU）No 1061/2010, Commission Delegated Regulation（EU）No 1062/2010, Commission Delegated Regulation（EU）No 626/2011。

④ 参见 Regulation（EU）No 2017/1369 of the European Parliament and the Council of 4 July 2017 setting a framework for energy labeling and repealing Directive 2010/30/EU（Text with EEA relevance），O J L 198，28. 7. 2017，pp. 1-23。

态设计要求的框架，规定了相关实施措施所涵盖的用能产品必须满足的要求，并通过提高能源效率和环境水平来促进可持续发展，同时提高能源供应的安全性。[①] 2009 年，由于用能产品在其生产、运输、使用过程中对环境影响较大，欧盟出台了新的用能产品生态设计指令 2009/125/EC，并将其范围扩大到所有的能源相关产品[②]，以提高产品在将来使用中的整体环境表现。

3. 欧盟能源效率法律制度评析

欧盟被认为是国际能源规制最为先进的实验室。[③] 其在制定能源效率法律制度时，充分考虑环境保护的要求，注重能源与环境的融合，取得了较好的实施效果。

（1）提高能源效率是欧盟能源法律制度的核心

为了保护环境和保障能源安全供给，将提高能源效率作为其能源法律制度的核心，以期在能源和环境之间寻找平衡的解决办法。究其原因主要在于：第一，欧盟能源消费和需求缺口较大。目前欧盟能源进口和能源消费量居世界首位。2005 年能源效率绿皮书《用更少的资源办更多的事》指出，根据目前趋势，到 2030 年欧盟 90% 的石油需求依赖进口，80% 的天然气需求依赖进口。[④] 2017 年，欧盟新《能源标签指令》提出，能源效率是欧盟 2030 年气候和能源政策框架的关键要素，也是缓解能源需求的关键。[⑤] 为保障能源供给安全，提

---

① Directive 2005/32/EC of the European Parliament and of the Council of 6 July 2005 establishing a framework for the setting of escodesign requirement for energy-using products and amending Council Directive 92/42/EEC and Directives 96/57/EC and 2000/55/EC of the European Parliament and of the Council O J L 191, 22. 7. 2005, pp. 29-58。

② 参见 Directive 2009/125/EC of the European Parliament and of the Council of 21 October 2009 establishing a framework for setting of ecodesign requirements for energy-related products（Text with EEA relevance），O J L 285, 31. 10. 2009, pp. 10-35。

③ 参见杨泽伟：《〈2009 年美国清洁能源与安全法〉及其对中国的启示》，载《中国能源法研究报告 2010》，立信会计出版社 2011 年版，第 133 页。

④ 参见 Comission of the European Cmmunities. Green Paper on Energy Efficiency or Doing More with Less，COM（2005）265 final, Brussels, 22. 6. 2005。

⑤ 参见 Regulation（EU）No 2017/1369 of the European Parliament and the Council of 4 July 2017 setting a framework for energy labeling and repealing Directive 2010/30/EU（Text with EEA relevance）O J L 198, 28. 7. 2017, pp. 1-23。

高能源效率成为欧盟能源需求日趋严峻情况下的必然要求。第二，提高能源效率是欧盟实现能源效率目标和履行国际承诺的必然之举。欧盟在《京都议定书》中承诺在 2008 年至 2012 年间，将温室气体排放量在 1990 年的基础上再减少 8%。2007 年 1 月，欧盟在新能源政策建议中单方面承诺，2020 年将二氧化碳排放量在 1990 年基础上至少减少 20%，并且愿意和其他主要温室气体排放国一道将减排目标提高为 30%。[①]

（2）将可持续发展作为能源效率法律制度的目标

在许多方面，能源效率被视为欧洲最大的能源资源。[②] 因而，能源效率位于欧盟的智能、可持续和绝对增长的欧洲 2020 战略以及专项资源有效经济的核心，是实现能源供应安全的最有成本效益的途径之一，并能减少温室气体排放和其他污染。[③] 有鉴于此，欧盟把能源效率融入能源总体战略和政策中，以更好地促进环境、经济和社会的协调和可持续发展。2006 年，欧盟在制定和推行其能源战略和能源政策方面出台了《欧洲可持续、有竞争力和安全的能源战略绿皮书》《新能源政策》和《能源效率行动计划》。其中，《欧洲可持续、有竞争力和安全的能源战略绿皮书》提出可持续性是欧洲能源政策应具有的主要目标之一，可持续性主要体现在开发具有竞争力的可再生能源及其他低碳能源和载体，特别是替代运输燃料；抑制欧洲的能源需求；领导全球努力遏制气候变化和改善当地空气质量。[④]

（3）在新能源法律框架下形成全面的能源效率立法

20 世纪 90 年代，能源可持续发展成为国际社会的共识。国际能源法和各国能源法纷纷把"可持续能源"作为新的法律目标之一，新能源立法发展成为

① 参见郭志俊：《欧盟能源政策的环境因素及其对中国的启示》，载《环境保护》2007 年第 12 期。
② 参见 Communication from the commission to the European Parliament, the Council, the European Economic and Social Committee and the Committee of the Regions Energy Efficiency Plan 2011, COM（2011）109 final, Brussels, 8.3.2011。
③ 参见程荟著：《欧盟新能源法律与政策研究》，武汉大学出版社 2012 年版，第 66 页。
④ Green Paper - A European Strategy for Sustainable, Competitive and Secure Energy ｛SEC（2006）317｝, COM（2006）105 final, Brussels, 8.3.2006。

能源法中的一个新兴领域，由松散走向整合的法律政策框架逐步明确。综观欧盟新能源法律政策，我们不难看出，欧盟把提高能源效率作为一个重要的能源来源，将其视作欧洲最大的能源资源，并从新能源角度出发进行能源效率立法。《能源效率计划2011》和新的能源效率立法提案是欧盟能源效率法律政策的最新发展，体现了欧盟将原先分散在各领域的节能与能源效率法律政策进行整合的趋势。该提案建立在现有热电联产和能源服务指令的基础上，并把它合并为能源供应和终端消费两个方面，成为一个有关能源效率的全面的立法工具。可以说，这既顺应了新能源法的发展，又更有利于对能源效率进行规制，从而既能保障能源供应安全，也可以应对气候变化，促进可持续发展。

（4）将能源效率作为实现能源安全和气候变化应对目标的关键

欧盟78%的人为温室气体排放源于能源利用，故提高能源效率和控制能源需求就成为欧盟应对气候变化不可或缺的重要内容。[①] 由于提高能源效率不仅可以降低能源对环境的负面影响，而且还可以替代增加能源供给，欧盟把能源效率看作欧洲最大的能源资源。因而，在能源法律政策方面，欧盟把2020年节能20%作为能源效率目标，并把能源效率作为一个实现能源安全和气候变化应对的重要措施。

欧盟实现其2020年温室气体减排目标的核心内容是努力将能源效率提高20%。欧盟领导人称降低能源消费是应对诸如能源费用支出增长等挑战的最佳的、可持续的长期选择，其好处是每个家庭每年能轻松减少1000欧元以上的能源费用。[②] 欧盟自2006年开始施行《能源效率行动计划》，其目标是动员政策制定者和市场参与者使电器、建筑、能源系统和运输方式更富有效率。这些措施为气候变化应对创造了有利的条件。

另外，2011年3月与欧盟《能源效率行动计划》同时出台的《低碳经济

---

① 参见廖建凯著：《我国气候变化立法研究：以减缓、适应及其综合为路径》，中国检察出版社2012年版，第133页。

② 参见桑东莉著：《气候变化与能源政策法律制度比较研究》，法律出版社2013年版，第100页。

2050 路线图》①，制定了确保欧洲以最有成本效益的方法实现低碳转变的路线图。通过欧盟及其成员国实施减排措施，2030 年要比 1990 年的排放水平低40%，2040 年则要低 60%，到 2050 年要达到低 80%—95% 的水平。该路线图要求所有成员国如果尚未制定国家低碳路线图，则应尽快制定。分析还表明，在现有政策下，欧盟将实现到 2020 年国内温室气体减排 20% 的目标，如果修订后的能效计划能够全面有效地实施，实现 20% 的能效目标，这将使欧盟超越目前的 20% 减排目标，实现 25% 的减排。2011 年 12 月发布的 "2050 能源路线图"是又一新的长期框架，探讨了在实现欧盟脱碳目标的同时确保能源供应安全和国际竞争力所带来的挑战。该路线图强调经济脱碳化、道路交通电气化、电力部门无碳排放。其目标将提高能源利用效率、发展可再生能源、核能使用以及采用碳捕捉与封存技术（CCS）通过等路径的组合来实现。② 欧盟《低碳经济2050 路线图》的发布和实施，不仅促进了欧盟能源效率的提高，而且有效保障了欧盟的能源安全。

（5）在能源效率问题上采用多管齐下的方法

欧盟在能源效率问题上采用政府管制、市场机制等多种方法共同促进能源效率的提高。

首先，政府高度重视法律制度在提高能源效率方面的作用。欧盟在《能源效率行动计划》中强调要实现能源效率目标，必须全面执行现有的和将来可能对能源效率有影响的法律，以推动能源效率政策和措施的实施。如欧盟通过立法授权各成员国政府加强对温室气体排放活动的管制，制定强制性的排放限度。同时，严格而恰当地转化欧共体相关立法，运用欧盟委员会的法律对成员国进

① 参见 Communication from the Commission to the European Parliament, the Council, the European Economic and Social Committee and the Committee of the Regions A Roadmap for moving to a competitive low carbon economy in 2050, COM（2011）112 final, Brussels, 8.3.2011。

② 参见 Communication from the Commission to the European Parliament, the Council, the European Economic and Social Committee and the Committee of the Regions Energy Roadmap 2050, COM（2011）885 final, Brussels, 15.12.2011。

行约束和影响，以促进成员国开发各种新能源、进行能源效率投资和激励技术创新。另外，欧盟还非常注重节能信息的公开，以便监管者、消费者更好地监督和选择节能的产品和服务。可见，欧盟法律政策对于能源效率问题的解决有着重要的指导和监督作用。

其次，欧盟非常注重利用市场机制来促进能源效率目标的实现。一方面，欧盟在加强能源效率政府管制的同时，重视利用市场机制促进能源效率产品和服务的发展。如欧盟推行终端使用能源效率、用能产品标签、用能产品生态设计、白色认证等做法，实际上就是利用市场机制促进能源效率的提高，从而减轻整个能源过程对环境的负面影响。另一方面，欧盟重视价格、税收等市场调控工具以及金融工具的作用。《能源效率行动计划》认为，正确的能源定价和多样的财税金融激励手段既能提高能源效率，又符合成本效益原则。欧盟使用公共基金、全球能源效率和可再生能源基金、结构性基金等多种金融手段，促进能源效率的提高；欧盟能源税指令对各种能源规定了较高的最低税率，使消费者在选择能源时基于成本价格的考虑转而选择成本较低的环保替代品，促进能源效率的提高。

最后，欧盟通过多种社会调整方式提高能源效率。这些社会调整方式主要包括：①提高公众能源效率意识。《能源效率行动计划》关注到了提高公众认识对提高能源效率的作用，通过采取能源教育计划使公众认识到能源效率的重要性。②促进多种产业提高能源效率。欧盟的运输业、农业、林业、商业和电力产业等都加入了提高能源效率、减排温室气体的行列。③鼓励企业与欧盟或其成员国政府签订自愿协议，以提高产品能源效率和减少对环境的负面影响。④重视开发高能源效率产品，鼓励技术创新。欧盟很多行业都认识到积极采纳先进技术，开发高能源效率产品，将会更具市场竞争力。⑤鼓励公众参与。欧盟将建筑、耗能产品、能源服务都纳入了能源效率相关立法的调整范围，并促进政府、企业、公众以及所有利害关系方都参与提高能源效率以及减排温室气体的活动。

(6) 能源效率政策制定程序民主、更具可操作性

欧盟能源效率政策制定的程序是通过对政策制定的必要性、政策目标的可行性、政策实施的经济可行性、技术可行性以及政策实行可能面临的障碍等方面的争论而形成政策，并在广泛听取各方面意见的基础上形成政策白皮书，最后制订各种实施计划和配套措施。另外，在政策贯彻实施之后，还有一个对政策的后续评估和反馈程序，以便改进该项政策。[①] 可见，欧盟关于能源效率政策制定程序是一个公开、透明、各方参与度高的程序。

《能源效率行动计划》对能源效率的潜力分析以及相应的政策制定主要是依据产业部门的不同而进行的。由于相同的产业部门对能源消耗有着相似性，采取以产业部门为主、地域为辅的思路制定能源效率目标，更能有效提高能源效率。欧盟以产业部门为主分析能源效率潜力及制定相应政策[②]，并使各产业部门能源效率法律政策相互协调和配合，因而能源效率政策在实践中更具有可操作性。

(二) 美国能源效率法律制度

1. 美国能源效率法律制度概述

美国的能源消费量位居全球第一，温室气体排放量排名世界第二，其能源消费状况在很大程度上直接影响其能源利用和温室气体排放，也在很大程度上影响全球气候变化的形势。[③] 美国能源部把提高能源效率作为美国能源战略的重要组成部分[④]，因而，美国能源法律体系中有大量的节能和提高能源效率的法律法规[⑤]。

---

① 参见王曦：《论欧盟温室气体控制法律和政策的方法论意义》，载《西南政法大学学报》2008年第5期。

② 参见赵浩君：《欧盟〈能源效率行动计划〉探析》，载《华北电力大学学报（社会科学版）》2007年第4期。

③ 参见廖建凯著：《我国气候变化立法研究：以减缓、适应及其综合为路径》，中国检察出版社2012年版，第146页。

④ 参见胡德胜著：《美国能源法律与政策》，郑州大学出版社2010年版，第195页。

⑤ 参见赵庆寺著：《美国能源法律政策与能源安全》，北京大学出版社2012年版，第108页。

美国旨在提高能源效率的法律大多是在 1973—1974 年国际石油危机后、气候变化成为一个重要的政治话题之前颁布的。[①] 这些法律的初衷并不在于削减温室气体排放，但事实上促进了温室气体减排。美国于 1975 年颁布了《能源政策与节约法》（Energy Policy and Conservation Act 1975），其核心是保障能源安全、促进节能和提高能源效率。[②] 1992 年《能源政策法》的目的在于制定一套全面的国家能源政策，从而 "以低成本高效益而且对环境有益的方式，渐进而持续地提高美国的能源安全"[③]。2005 年《能源政策法》是美国的能源基本法，明确规定鼓励提高能源效率和能源节约，促进发展替代能源和可再生能源。有学者认为，2005 年《能源政策法》的制定是这一时期（2005 年至今）最重要的一个事件。[④] 美国 2007 年《能源自主与安全法案》的立法重点之一是提高能源效率和节约能源，授权能源部建立新的能源效率标准或能源效率标准测试程序，特别重视直接适用于建筑物的能源效率标准及其生效日期。2007 年《能源自主与安全法案》通过对 1992 年《能源政策法》、2005 年《能源政策法》和其他能源法案的修正，将美国节能和能源效率、可再生能源开发和利用又推向了一个新的高度。[⑤] 2009 年，美国制定了《清洁能源与安全法》，提出要减少对国外石油的依存度来实现美国的能源独立，通过减少温室气体排放来减缓全球气候变暖，最后过渡到清洁的能源经济。[⑥] 该法在清洁能源部分主要涉及综合能源效率和可再生电力标准、碳捕获与封存、清洁交通、州能源和环境发展基金、发展智能电网、输电方案、能源法的技术性修改、清洁能源创新中心、海洋空

---

① 参见桑东莉著：《气候变化与能源政策法律制度比较研究》，法律出版社 2013 年版，第 99 页。

② 参见胡德胜著：《美国能源法律与政策》，郑州大学出版社 2010 年版，第 67 页。

③ 参见 Energy Policy Act of 1992, Sec. 474（1992）。

④ 参见胡德胜著：《美国能源法律与政策》，郑州大学出版社 2010 年版，第 69 页。

⑤ 参见杜群、王利著：《能源政策与法律——国别和制度比较》，武汉大学出版社 2014 年版，第 128 页。

⑥ 参见杨泽伟：《〈2009 年美国清洁能源与安全法〉及其对中国的启示》，载《中国石油大学学报（社会科学版）》2010 年第 1 期。

间方案等内容。[①]

2. 美国能源效率立法的主要内容

(1) 能源效率立法目标

美国 2005 年《能源政策法》修改了 1975 年《能源政策与节约法》关于建筑物的能源效率要求，规定与 2003 年度每平方英尺建筑物的年度能源消耗相比，在 2006—2015 年间每平方英尺建筑物的年度能源消耗以每年 2% 的速度下降，其中，2006 年和 2015 年的能耗水平较 2003 年能耗水平的降幅分别为 2% 和 20%。[②] 美国 2007 年《能源自主与安全法案》提出为了使美国走向更大的能源独立和安全，以增加清洁的可再生燃料的生产，保护消费者，提高产品、建筑物和交通工具的效率，促进对温室气体捕获和存储方案的研究和部署，并改善能源性能联邦政府，以及其他目的。[③] 美国 2009 年《清洁能源与安全法》第 272 条提出了美国的能源效率目标：到 2012 年美国整个能源产品的能源效率至少每年要提高 2.5%，并且每年能源效率提高的势头一直要保持到 2030 年。该法要求零售配电商通过可再生能源发电和提高能源效率，满足部分电力增长需求，使其在 2012 年占总发电量的 6%，2020 年提高到 20%。[④] 并且还规定，美国温室气体排放量以 2005 年为基准，2012 的排放量不超过基准年度的 97%，2020 年不超过 80%，2030 年不超过 58%，2050 年不超过 17%。[⑤]

(2) 实行强制性的能源效率标准、标识和自愿认证制度

20 世纪 70 年代开始，美国通过立法先后实施了强制性能源效率标准、标识和自愿性认证（即"能源之星"）制度。[⑥] 即由法律规定一个最低的能源效率数值，只有达到这一数值的产品方可进入市场。

---

① 参见杜群、王利著：《能源政策与法律——国别和制度比较》，武汉大学出版社 2014 年版，第 128—129 页。

② 参见 Energy Policy Act of 2005。

③ 参见 Energy Independence and Security Act of 2007。

④ 参见 The American Clean Energy and Security Act of 2009, Sec. 103 (2009)。

⑤ 参见 The American Clean Energy and Security Act of 2009, Sec. 703 (2009)。

⑥ 参见王灿发：《国外的节能立法及其借鉴意义》，载《世界环境》2007 年第 3 期。

　　美国 1975 年《能源政策与节约法》规定了建筑物等能效标准。1978 年
《国家能源节约政策法》要求能源部部长针对家用电器制定能源利用效率标
准。① 2005 年《能源政策法》规定建立新的联邦产品能源效率标准。新标准将
特定产品的范围扩大到 15 种，规定了照明、居家和商用电器的各种能源效率标
准，具体包括家用洗碗机和餐具洗涤设备、空调、冰箱、除湿器、电动摩托等
电器的能源效率标准；规定 2006 年 1 月 1 日或之后制造的照明出口标志应符合
美国环保署（EPA）规定的 2.0 版 "能源之星"（Energy Star）计划对照明出口
标志的性能要求。② 此外，还要求能源部对商用空调和供暖设备、商用自动制
冰机、商用洗衣机等制定能源效率标准。③ 该法还赋予能源部制定其他该类商
品和其他制冰机能源效率标准的权力，并授权能源部来决定是否要对这些标准
进行更新。④ 同时，该法规定建立产品能源效率标识制度。⑤ 该法规定，联邦贸
易委员会（FTC）必须对现有的标识规则予以修改，并从 2005 年 11 月 6 日开
始制定在产品上贴能源效率标识的相应规则，以帮助、引导消费者购买能源效
率产品，从而提高能源效率。⑥ 该法还规定了能源之星计划，以确定和促进节
能产品和建筑减少能源消耗，提高能源安全，并通过自愿标签或其他形式的沟
通来减少污染，从而符合最高节能标准的产品和建筑。⑦

　　2007 年《能源自主与安全法案》确立了轿车与轻型卡车燃料经济性标准、
电器及照明产品执行强制性联邦能源效率标准、可再生能源利用、低碳电力生
产、"绿领"劳动力培训计划等。该法案还对政府与商业建筑的电器设备使用
制定了强制性能源效率标准。

---

① 参见胡德胜著：《美国能源法律与政策》，郑州大学出版社 2010 年版，第 196 页。
② 参见 Energy Policy Act of 2005, sec. 135（2005）。
③ 参见 Energy Policy Act of 2005, sec. 136（2005）。
④ 参见 Energy Policy Act of 2005, sec. 136（2005）。
⑤ 参见 Energy Policy Act of 2005, sec. 137（2005）。
⑥ 参见 Energy Policy Act of 2005, sec. 137（2005）。
⑦ 参见 Energy Policy Act of 2005, sec. 131（2005）。

（3）制定绿色建筑标准

2005 年《能源政策法》规定，到 2015 年联邦政府建筑能耗要比 2003 年降低 20%；并为医院、学校等公共建筑能源效率改进计划提供资金支持。[①] 2007 年《能源自主与安全法案》规定要为住宅和商业建筑节能提供资金支持[②]；国会大厦的建筑应采取必要的措施，以最节能的方式运行国会大厦发电厂的蒸汽锅炉，以最大限度地减少碳排放和运行成本。[③] 2009 年《清洁能源与安全法》规定新建民用建筑和新建商用建筑能源效率，并规定为旧建筑能源效率改进提供补贴和执行建筑能源效率标识制度。该法第 282 条规定，"绿色建筑标准"要求建筑设计要坚持可持续发展原则，以减少对不可再生资源的使用；鼓励提高能源效率和利用可再生资源；减少对环境发展的影响；改善室内的空气质量。[④]

（4）全面提高所有经济部门能源效率

美国 2005 年《能源政策法》涉及促进提高家用电器能源效率；设定新的最低能源效率标准，提高商用和家用电器效率；提高建筑物能源效率和产品能源效率等。[⑤] 2007 年《能源自主与安全法案》涉及公共建筑、家用电器、照明设备、住宅、工业、小型企业能源效率等方面的内容，主要包括提高车辆燃料经济性能标准[⑥]；提高外部电源、家用电器和照明用灯的能源效率标准以节约能源，强化建筑物和工业领域的能源节约，促进政府、院校和公共机构节能[⑦]；支持现代化电网建设[⑧]，提高效率，增强安全性等措施。尤其是 2009 年《清洁能源与安全法》能源效率部分几乎涉及所有经济部门。该法能源效率部分主要包括建筑能源效率、照明和电器能源效率、交通能源效率、终端用户能源效率、工业能源效率、合同能源管理、公共部门的能源效率等。

---

① 参见 Energy Policy Act of 2005, sec. 102（2005）。
② 参见 Energy Independence and Security Act of 2007, sec. 411-413, sec. 421-423（2007）。
③ 参见 Energy Independence and Security Act of 2007, sec. 504（2007）。
④ 参见 Clean Energy and Security Act of 2009, sec. 282（2009）。
⑤ 参见 Energy Policy Act of 2005, sec. 131-141（2005）。
⑥ 参见 Energy Independence and Security Act of 2007, sec. 102（2007）。
⑦ 参见 Energy Independence and Security Act of 2007, sec. 301, sec. 311, sec. 322（2007）。
⑧ 参见 Energy Independence and Security Act of 2007, sec. 1301-1306（2007）。

（5）实行多样化的能源效率激励措施

为提高能源效率，清洁能源，美国实行了包括现金补贴、税收减免、财政激励和低息贷款等多样化的能源效率激励措施。2001年，美国40个州级政府部门和公用事业单位共提供1.33亿美元开展现金补贴项目，鼓励用户购买经过"能源之星"认证的节能电器和照明产品，鼓励推广乙醇汽油。2003年7月，美国决定在今后10年对能源效率、替代燃料和可再生燃料等领域实施减免能源税政策，对新建建筑和各种节能型设备根据所判定的不同能源效率指标，分别给予10%或20%的减税额度；对零碳或低碳电厂以及生产高效能消费品的生产者提供奖励。①

美国2005年《能源政策法》更是专门用一章规定了能源税收激励政策，对提高自己住宅能源效率的房屋所有人提供课税扣除；对于达到能源之星计划要求能源效率标准的建筑给予课税扣除；对生产能源效率产品的生产商提供课税扣除；对购买太阳能光伏电池、太阳能热水器以及用燃料电池来提供住宅用电和热水的个人提供课税扣除；对购买柴油混合物、生物柴油、替代燃料和燃料电池交通工具的购买者提供课税扣除。②

3. 美国能源效率法律制度评析

（1）能源效率问题在美国的能源法律政策中处于核心地位

美国2005年《能源政策法》是美国自1992年出台《能源政策法》后对能源领域所进行的更加广泛、深入和全面的联邦立法③，体现了美国政府在制定能源立法和政策时注重一体化的理念。该法案将能源效率作为首章，内容涉及联邦能源效率计划、能源援助和州能源效率计划、能源效率产品、公屋能源效率等。除首章的专章规定外，法案在"汽车和燃料""电力""研发""技术革

---

①　参见陈柳钦：《低碳经济：国际发展动向与中国的行动》，载《北京市经济管理干部学院学报》2010年第1期。

②　参见 Energy Policy Act of 2005, sec. 1331-1348 (2005)。

③　参见王晓冬：《能源效率之立法促进：美国的实践》，载《前沿》2008年第10期。

新激励""能源税收激励政策""研究"等章节，也对能源效率作出了相关规定。[①]

另外，美国 2007 年《能源自主与安全法案》和 2009 年《清洁能源与安全法》对于能源效率问题部分都是浓墨重彩。而且，美国在能源效率问题上还实行"胡萝卜加大棒"的能源政策。

（2）特别强调能源效率在应对气候变化中的作用

美国 2007 年《能源自主与安全法案》强调通过能源的低碳化利用以减少温室气体排放，降低美国对化石能源的进口依赖，提高美国的能源安全水平。[②]

美国于 2009 年 6 月 26 日通过的《清洁能源与安全法》，强调通过提高能源效率来减少温室气体排放，以应对气候变化。该法长达 400 多页，包括清洁能源、能源效率、减少全球气候变暖和清洁能源经济转型四大部分，几乎涵盖了气候变化的各个领域。[③] 该法在"能源效率"方面的主要内容包括：建筑能源效率、照明和家用电器能源效率、交通能源效率、终端用户能源效率、工业能源效率、合同能源管理改进、公共部门节能等。[④]"减少全球变暖污染"方面的主要内容包括：温室气体减排目标、成本控制、辅助性减排、排放配额分配、碳市场监管、其他温室气体排放标准等。该法规定，从 2012 年开始，对如电力公司和炼油厂等来自美国的大型排放源的碳和其他全球变暖污染物的排放制定了年度吨数限制。该法规定了推进气候变化应对机制，对美国主要碳排放源的排放总额进行限制，并建立了排放交易体系，要求排放源对其排放的每一吨温室气体都要持有相应单位的排放配额，这些配额可以进行交易和储存，但到了

---

① 参见具体条款 sec701，sec703-704，sec706，sec711-712，sec721-723，sec751，sec753-759，sec771-774，sec911-917，sec921-925，sec1223-1224，sec1234，sec1251-1254，sec1298，sec1331-1337，sec1341，sec1701-1704，sec1802-1803，sec1805-1806，sec1917-1818，sec1827，sec1829，sec1832。

② 参见樊瑛、樊慧：《美国 2007 新能源法案的政治经济学分析》，载《亚太经济》2008 年第 3 期。

③ 参见韩良：《国际温室气体减排立法比较研究》，载《比较法研究》2010 年第 4 期。

④ 参见杨泽伟：《〈2009 年美国清洁能源与安全法〉及其对中国的启示》，载《中国石油大学学报（社会科学版）》2010 年第 1 期。

2012—2050 年每年发放的配额数量将会显著减少。[1]

（3）重点关注建筑、交通和工业生产三大高能耗部门的能源效率

美国能源效率法律政策涉及面很广，其重点关注的领域是建筑、交通和工业生产三大高能耗部门。一方面，工业部门是传统上能源高消耗的主要部门，能源消费占比较高；另一方面，建筑和交通能源消费增长迅速，占美国的能源消耗比重较大。如 2003 年美国建筑能耗在总能耗中的比例已接近40%。[2] 因此，美国在重视对传统工业生产部门进行能源效率立法规范的基础上，更加重视对建筑和交通部门的能源效率立法。在建筑领域，分别对住宅和商业、工业、政府机构用房以及新建住宅和翻新改造旧房的能源效率进行了明确规定；在交通领域，分别对航空、铁路和公路交通工具的能源效率作出了具体规定。除此之外，相关能源效率立法和政策还特别重视政府机构和公用事业部门对提高能源效率的引导和示范作用，如规定了政府机构提高能源效率的义务以及电力等公用事业部门的能源效率要求。

（4）发挥政府机构的表率作用

美国前总统布什曾签署命令，敦促美国联邦政府各部门采取多种措施，增加使用太阳能、风能、地热能等可再生能源，大力提高能源使用效率。[3] 美国2005 年《能源政策法》将促进能源效率设定为政府的法律义务，并对此进行了规定。不管是联邦建筑还是政府采购，以及公屋均纳入能源效率管理的框架。[4] 一般而言，政府既是能源领域规则的制定者和监管者，也是能源消耗的主体。在促进能源效率过程中，政府兼具了执行者和被执行者的双重身份。政府机构带头提高能源效率，不仅可以减少能源消耗，节省行政开支，还能引导节能市

① 参见于文轩：《美国能源安全立法及其对我国的借鉴意义》，载《中国政法大学学报》2011 年第6 期。
② 参见马宏权、龙惟定、马素珍：《美国〈2005 能源政策法案〉简介》，载《暖通空调》2006 年第9 期。
③ 参见李岩：《美国确保能源安全的启示》，载《瞭望》2007 年第8—9 期。
④ 参见王晓冬：《能源效率之立法促进：美国的实践》，载《前沿》2008 年第10 期。

场，降低能源效率产品的价格，并对能源效率产品的使用作出示范，从而刺激能源效率技术的发展以及节能新机制的推广。[①]

（5）将节能与新技术置于重要地位

美国 1975 年出台的《能源政策与节约法》、1978 年出台的《国家能源节约政策法》、1992 年出台的《能源政策法》以及 2005 年《能源政策法》等能源法均十分重视节能与新技术。就 2005 年《能源政策法》而论，该法将能源效率作为专章置于第一章，规定了节能要求和能源效率标准，节能管理对象涵盖个人、企业及家庭，节能领域包括工业节能、建筑节能、交通节能、家庭节能等几乎所有领域，节能措施主要包括节能之星计划、能源效率试点计划、制定能源节约绩效合同、低收入家庭能源援助计划、提高联邦土地管理中的能源效率、降低工业能源强度的自愿承诺等。[②] 可见，美国把节能置于十分重要的地位。对于节能新技术而言，亦是如此。2005 年《能源政策法》第九章对新技术研发作了专章规定，鼓励和支持高能源效率的技术革新，特别强调了碳捕获与研究发展计划、煤炭开采技术的研究与发展、石油和天然气研究计划、低容量石油和天然气储存研究计划。[③]

（三）日本能源效率法律制度

1. 日本能源效率法律制度概述

日本是一个国土面积狭小、资源极其匮乏的国家。根据日本经济产业省能源厅统计，2011 年能源的自给率仅为 13%，传统能源中，煤炭对外依存度为 99.5%，石油为 99.6%，天然气为 96.7%。[④] 然而，日本是较早重视提高能源效率的国家之一。[⑤] 日本一贯十分重视能源的节约和高效利用，不仅注重开发先

---

① 参见于文轩：《美国能源安全立法及其对我国的借鉴意义》，载《中国政法大学学报》2011 年第 6 期。

② 参见 Energy Policy Act of 2005. sec. 101-154（2005）。

③ 参见 Energy Policy Act of 2005. sec. 963-966（2005）。

④ 参见孙巍、刘阳：《日本能源管理分析及对我国的启示》，载《现代日本经济》2015 年第 2 期。

⑤ 参见吴志忠：《日本新能源政策与法律及其对我国的借鉴》，载《法学杂志》2013 年第 1 期。

进的能源效率技术和产品，还注重通过专门立法保障能源效率措施的执行，其能源效率居世界领先地位。

《节约能源法》（又称《能源利用合理化法》）是日本能源效率方面的重要立法。该法于 1979 年 6 月 22 日制定，并分别于 1993 年、1997 年、1998 年、1999 年、2002 年、2005 年和 2006 年进行了多次修改。2008 年 6 月 6 日，日本经济产业省发布了该法的实施条例。

除此之外，与能源效率相关的法律还包括：[①] ①1993 年《合理用能及再生资源利用法》，提出政府将积极推进日本国内的节能工作，国外二氧化碳排放的控制工作，再生资源的"3R"有效利用，氟等特定物质的合理利用等。该法于 2003 年进行了修订。②日本国会于 1993 年 3 月通过了与能源效率有关的两项法律——《能源供需高级化法》和《节能、再生利用资源法》。前者以修改和强化 1979 年公布的《节约能源法》为中心，加入了《石油替代能源法与石油特别会计法》，把新的地球环境问题的因素也考虑在内，制定了各种活动的预算。后者规定，对主动采取节能及资源再生循环利用的业主执行超级利率融资，并给予债权保证以及课税上的优惠等支援制度。③为了落实 1997 年《京都议定书》中有关减少温室气体的承诺，日本政府在 1998 年 10 月批准了《关于推进地球温暖化对策的法律》，并于 1999 年 4 月起实施。该法律明确了国家、地方、企业与国民的责任和义务，确定了防止地球温暖化的基本方针，要求国家和地方政府制定具体的目标，要求各企业根据新节能法进行能源的高效管理。[②]

通过上述能源效率立法，日本建立起了较为完备并具有特色的能源效率法律制度，主要包括用能单位分类管理与"能源管理师"制度、"领跑者"制度、建筑物用能管理制度和能源效率标识制度。

[①] 参见陈海嵩：《日本的节能立法及制度体系》，载《节能与环保》2010 年第 1 期。
[②] 参见杜群、王利著：《能源政策与法律——国别和制度比较》，武汉大学出版社 2014 年版，第 68 页。

2. 日本能源效率立法的主要内容

(1) 能源效率立法的目标

日本 2002 年制定并施行的《能源政策基本法》第 1 条规定，"鉴于能源是国民生活之安定向上及国民经济的保持和发展所不可缺少的，并且能源的利用将给地区和地球的环境造成较大影响，本法旨在通过确定与能源供需政策有关的基本方针，明确国家及地方公共团体的责任和义务的同时，规定能源供需政策的基本事项，以长期地、综合地和有计划地推进与能源供需有关的政策，并以此在对地区和地球的环境保护做出贡献的同时，对我国和世界经济的持续发展做出贡献"①。该法第 3 条规定，应当通过谋求能源消费的效率化和推进太阳能、风能等非化石燃料能源的转换利用以及化石燃料的高效利用，实现在防止地球温室化和保护地球环境的前提下的能源供需，并推进有助于形成循环型社会的各项政策措施。②《节约能源法》明确规定，为适应国内外关于能源的经济和社会环境，确保燃料资源的有效利用，本法试图通过构筑综合推进工厂、运输、建筑物以及机械器具等有关合理使用能源的必要措施，以及合理使用其他能源的必要措施，实现国民经济健全发展之目的。③

(2) 实行能源效率标准制度

在能源效率标准方面，日本也堪称典范。④《节约能源法》提高了录像机、计算机、复印机、电视机、汽车、空调、冰箱、照明灯、磁盘驱动装置等产品的节能标准。⑤ 到 2004 年，录像机的能耗标准必须比 1996 年降低 61.2%，冷暖空调机必须降低 50%；到 2005 年，计算机的平均耗能必须比 1996 年降低 56%，磁盘驱动器的耗能必须降低 72%，照明器具的耗能必须降低 20%；到 2006 年，

---

① 参见杜群、王利著：《能源政策与法律——国别和制度比较》，武汉大学出版社 2014 年版，第 63 页。

② 参见杜群、王利著：《能源政策与法律——国别和制度比较》，武汉大学出版社 2014 年版，第 63 页。

③ 参见吴志忠：《日本能源安全的政策、法律及其对中国的启示》，载《法学评论》2008 年第 3 期。

④ 参见吴志忠：《日本能源安全的政策、法律及其对中国的启示》，载《法学评论》2008 年第 3 期。

⑤ 参见吴志忠：《日本能源安全的政策、法律及其对中国的启示》，载《法学评论》2008 年第 3 期。

复印机的能耗必须比 1997 年降低 31%；到 2010 年，轿车的平均能耗必须比 1995 年降低 22.8%。达不到国家规定标准的产品将被禁止上市销售。① 从 2001 年 4 月开始，日本提高了空调、照明、通风、热水器、电梯等系统和设施的能源效率标准，并要求未达标的必须提出改造计划。

日本还与美国联合实施了办公设备的能源效率标识计划。电脑、显示器、打印机、传真机、复印机、扫描仪和多功能驱动器等，如达到美国能源效率标准，就贴上"能源之星"标志，并相互承认。这一制度的实施极大地提高了日本终端用能产品的能源效率。据有关调查，2000—2001 年，日本电冰箱的能源消耗降低了 17%，复印机的能源效率水平提高了 3%，汽车的燃油效率提高了 8.5%。②

（3）实行建筑物用能管理制度

日本 1979 年制定的《节约能源法》中包括住宅与建筑方面的内容。2005 年修订后的《节约能源法》做了比较大的改动。在与建筑、住宅相关的部分，其将节能部分的义务申报范围由以前的只针对建筑物（不包括住宅），扩大到住宅（2000 平方米以上的集合住宅），从而强化了民生部门的节能。③ 同时，《节约能源法》对办公楼、住宅等建筑物提出了明确的节能要求，并制定了建筑物的隔热、隔冷标准。新建或改建项目必须向政府有关部门提交节约能源的具体措施。用能超过限额的建筑物必须配备能源管理员，负责向政府有关部门提交节能中长期计划、年度计划及落实的成效。④ 并且，日本建筑节能设计的能源效率标准也是强制性的。⑤ 1992 年，日本就制定过建筑物设施的能源效率标准。日本节能中心还在全国随机选取了 800 个家庭，为其安装可测试耗能量的仪表。使用结果表明，1998 年，这些家庭的电力消耗比上一年度平均下降

① 参见罗夏：《日本走上能源效率之路》，载《北京工商大学学报（社会科学版）》2004 年第 1 期。
② 参见周宏春：《节能领域的国际趋势与经验》，载《节能与环保》2003 年第 11 期。
③ 参见王灿发：《国外的节能立法及其借鉴意义》，载《世界环境》2007 年第 3 期。
④ 参见杜群、王利著：《能源政策与法律——国别和制度比较》，武汉大学出版社 2014 年版，第 463 页。
⑤ 参见王灿发：《国外的节能立法及其借鉴意义》，载《世界环境》2007 年第 3 期。

了 20%。

(4) 推行能源效率标识制度

日本从 1999 年开始对汽车、商用和家用电器设备等实行强制性能源效率标识制度。其标识设计的指导思想是，有利于消费者将该产品的能源效率与其他产品进行比较；采用简单的符号或标记，便于消费者理解和查询；提供产品的相关性能指标。标识的格式由日本经济产业省（METI）统一规定。[①] 例如，从 2003 年起，日本经济产业省对家用电器实施节能标识制度，目的是通过清晰易懂的产品节能标识，帮助节能产品打开市场，让消费者对产品的节能性和节约能源效率有更直观的了解。而且，日本的节能标识不仅细致地对产品节约能源效果进行了划分，还包含了产品是否完成节能计划、能够节省的能源费用等信息，为消费者的选择提供了直接的依据。

(5) 实行"领跑者"制度

日本于 1999 年 4 月修改《节约能源法》，加入了"领跑者"制度，这是日本独创的一项节能法律制度。所谓的"领跑者"，是指汽车、电器等产品生产领域能源消耗最低的行业标兵。"领跑者"制度意味着，该种商品的能耗均必须超过现有商品化的同类产品中节能性能最好的产品。因此，"领跑者"制度即节能标准更新制度。节能指导性标准按当时最先进的水平——"领跑者"制定，五年后这个指导性标准就变成强制性标准，达不到标准的产品不允许在市场上销售，而新的指导性标准又将同时出台。"领跑者"制度就是通过树立行业标杆，要求其他企业向其看齐，即确定家电产品、汽车的现有最高节能标准，从而使汽车的油耗标准、电器产品等的节能标准高于目前商品化机电产品中最佳产品的性能。

同时，日本政府往往会根据形势的变化（如技术进步程度、居民需求的提高），有针对性地对该制度的适用范围予以扩大，适时追加"领跑者"对象。

---

① 参见陈海嵩：《日本的节能立法及制度体系》，载《节能与环保》2010 年第 1 期。

（6）用能单位分类管理与"能源管理师"制度

为促进企业提高能源使用效率，日本《节约能源法》规定，对能源使用单位，要根据其能源消耗的多少，进行分类管理。具体措施包括：第一，根据上年度企业能耗量，将年能源消耗折合原油 3000 万升以上或耗电 1200 万千瓦时以上的单位作为第一类能源管理单位，将年能源消耗折合原油 1500 升以上或耗电 600 万千瓦时以上的单位作为第二类能源管理单位。上述单位必须每年减少 1%的能源消耗，建立节能管理机制，任命节能管理负责人（能源管理人员），定期报告能源的使用情况。[①]第二，能源管理单位必须向国家提交节能中长期计划。第三，每年对被管理的企业实施现场检查，并依据经济产业大臣制定的判断标准进行评分。第四，对评分不及格的第一类企业采取通报、责令改正或罚款等措施，对评分不及格的第二类企业进行警告。对于节能达标的单位，政府将在一定期限给予减免税的优惠。[②]

同时，按照日本《节约能源法》，在节能工作中必须推行能源管理师制度。能源管理师是专门的能源管理人员，由国家统一进行资格认证，持证上岗，定期培训。对第一类和第二类能源管理单位，依据其行业和年能源消耗量的不同，须配备相应人数的能源管理师。能源管理师应维护消费能源的设备，提出改进和监视使用能源的方法，还可指导和监督其他与节能有关的所有业务。业主必须尊重能源管理师的意见，工厂的员工必须遵循能源管理师的指示。该制度的实施，有效地监督和促进了重点用能企业的能源使用情况。[③]

3. 日本能源效率法律制度评析

（1）注重通过专门立法保障能源效率措施的执行力

日本政府一贯重视能源的节约和能源的高效率利用，并注重通过专门立法保障能源效率措施的执行力。[④] 日本先后对能源的开发利用进行了规制，通过

---

① 参见陈海嵩：《日本的节能立法及制度体系》，载《节能与环保》2010 年第 1 期。
② 参见陈海嵩：《日本的节能立法及制度体系》，载《节能与环保》2010 年第 1 期。
③ 参见陈海嵩：《日本的节能立法及制度体系》，载《节能与环保》2010 年第 1 期。
④ 参见陈海嵩：《日本的节能立法及制度体系》，载《节能与环保》2010 年第 1 期。

法律制度强化国家不同时期的能源政策。一旦国家能源政策出现调整变动，对相关法律规范就要进行相应的修改、废止或重新立法。因此，日本对能源法律规范的修改频繁，立法活动增多，使国家能源政策与法律趋于一致，以有利于通过法律手段贯彻国家政策。由于日本能源立法完善，因而较好地弥补了本国能源短缺的劣势，并仍能在降低能源需求的条件下，保持经济增长的优势。①

（2）把提高能源效率置于能源发展的重要位置，减少对化石能源的依赖

由于实施了积极的能源政策和有效的法律规制，日本在节能和改善能源利用效率方面达到了世界最先进水平，能源使用效率大大提高，单位产值能源消耗量锐减。日本在 1970 年至 1990 年间的钢铁产业能源效率提高了 50%，化学行业的能源效率提高了 89%，成为世界能源效率最高的国家。②

同时，减少对石化能源特别是对石油进口的依赖是日本政府能源政策的主要课题。由于受到 20 世纪 70 年代两次石油危机的严重冲击，日本决定进行能源结构调整，实施能源多样化方针，力求实现对天然气、煤炭、核能和石油的均衡使用，并积极开发新能源，减少对石油能源的依赖。③

（3）能源基本法立法注重保障能源环境安全

1968 年，日本通过了《大气污染防治法》，该法先后于 1970 年与 1974 年进行了两次修订，引入了温室气体排放总量控制策略，对工业集中的特定地区实施温室气体总量控制，设定了温室气体排放标准。④

1998 年，日本专门制定了《应对地球变暖对策促进法》，该法强调在本国确立应对全球气候变暖的措施，倡导能源利用的高能效、低排放，强调污染物的减量排放等。⑤ 其目的之一是将大气中温室气体的浓度调节到一个合理而稳定的范围内，防止全球气温持续升高。

---

① 参见吴志忠：《日本能源安全的政策、法律及其对中国的启示》，载《法学评论》2008 年第 3 期。
② 参见温建中：《日本能源环保政策的成功经验及启示》，载《现代管理科学》2016 年第 3 期。
③ 参见吴志忠：《日本能源安全的政策、法律及其对中国的启示》，载《法学评论》2008 年第 3 期。
④ 参见方堃：《中日大气污染总量控制制度比较及立法启示》，载《环境科学与技术》2005 年第 1 期。
⑤ 参见张剑波著：《低碳经济法律制度研究》，中国政法大学出版社 2013 年版，第 198 页。

《日本能源政策基本法》由日本国会制定，于 2002 年 6 月 14 日颁布并实施。该法很好地贯彻了日本能源政策一贯的与环境保护和高效率要求相对应，同时实现能源的稳定供给的基本目标，揭示了日本能源政策的基本理念，即"确保供给""适应环境""市场机制调节"三个方面。① 作为从宏观上规范能源的基本法，《日本能源政策基本法》第 2 条规定，日本能源立法的指导思想为："在降低对特定地区进口石油等不可再生能源的过度依赖的同时，推进对我国而言重要的能源资源开发、能源输送体制的完善、能源储备及能源利用的效率化，并对能源进行适当的危机管理，以实现能源供给源多样化、提高能源自给率和谋求能源领域中的安全保障作为政策基础，并不断改善政策措施。"②

《节约能源法》是日本能源利用的核心法律之一。③ 该法明确规定了其立法目的，即"适应国内外关于能源的经济和社会环境，确保燃料资源的有效利用，本法试图通过构筑综合推进工厂、运输、建筑物以及机械器具等有关合理使用能源的必要措施，以及合理使用其他能源的必要措施，以实现国民经济健全发展之目的"④。

（4）立法注重发挥市场机制的作用

《日本能源政策基本法》第 4 条规定，在能源市场自由化等有关能源供需的经济结构改革方面，应当充分考虑本法第 1 条、第 2 条的政策目的，并以充分发挥事业者的自主性和创造性，充分保障能源需求者的利益为主旨，推进规制和缓和等政策措施。⑤ 另外，针对节能产品的销售环节，日本政府还建立了节能评价制度。根据 2003 年实施的《节能型产品销售业者的评价制度》，营业面积 800 平方米以上，节能型产品销售额占总销售额 50% 以上的大规模电器卖场

---

① 参见邓海峰、郑明珠：《能源的立法模式与制度选择》，载《公民与法》2009 年第 10 期。
② 参见吴志忠：《日本能源安全的政策、法律及其对中国的启示》，载《法学评论》2008 年第 3 期。
③ 参见吴志忠：《日本能源安全的政策、法律及其对中国的启示》，载《法学评论》2008 年第 3 期。
④ 参见吴志忠：《日本能源安全的政策、法律及其对中国的启示》，载《法学评论》2008 年第 3 期。
⑤ 参见吴志忠：《日本能源安全的政策、法律及其对中国的启示》，载《法学评论》2008 年第 3 期。

都是该制度的评价对象，2005年扩展为节能型产品销售额占总销售额50%以上的全部家电销售业者。[①] 日本政府每年都会公布"节能型产品普及推动优秀点"的排名，2004年开始还设定了经济产业大臣奖、环境大臣奖等奖项。通过定期开展的奖项和节能产品评选活动，对积极销售节能型产品和提供节能相关信息的销售商给予肯定性评价和奖励。标识制度的实施，较好地推动了日本产品能源效率水平的提高。

二、国外能源效率法律规制对我国的借鉴意义

能源效率已被视为与煤炭、石油、天然气和电力同等重要的"第五能源"，[②] 提高能源效率对我国当前的气候变化应对、生态文明建设和绿色发展理念的贯彻具有十分重要的意义。通过分析国外能源效率法律规制的经验，并结合我国具体国情，可以得出以下几点启示：

（一）认识能源效率的新能源属性，将能源安全纳入立法目标

我国是世界能源生产和消费大国，随着工业化和城市化进程的发展，我国能源需求持续增长，成为世界上能源产业最为集中的经济体。因而，能源供应安全和能源环境安全也成为我国面临的重要问题。从当前我国相关的能源立法上看，目前还没有将能源效率视为一种新能源资源，没有充分认识到提高能源效率对于能源供应安全和能源环境安全的重要意义。将能源效率作为新的能源资源，不仅有助于我国减少对传统化石能源的依赖，改善能源结构，促进能源多元化，增强能源供应安全，而且有助于减少温室气体排放，应对气候变化，保障能源环境安全。因此，我国在能源效率立法及相关能源立法中，应认识到能源效率的新能源资源属性，将包括能源环境安全和能源供应安全在内的能源安全纳入立法目标。

---

① 参见井志忠、陈立欣：《日本节能措施、成效与启示》，载《日本学论坛》2008年第4期。
② 参见吴志忠：《日本能源安全的政策、法律及其对中国的启示》，载《法学评论》2008年第3期。

（二） 将能源效率置于能源发展的重要位置，健全能源效率相关立法

2002 年联合国可持续发展世界峰会以来，能源问题被置于可持续发展的重心，而能源效率则被认为是保障能源可持续发展的关键。欧盟、美国和日本在其相关立法中都强调了提高能源效率对于气候变化应对的重要性，并把提高能源效率作为气候变化应对的有效途径之一。欧盟把能源效率看作欧洲最大的能源资源，在能源法律政策方面不仅把节能作为能源效率目标，而且还把能源效率作为一个实现能源安全和气候变化应对的重要措施。美国的《清洁能源与安全法案》强调通过提高能源效率来减少温室气体排放，以应对气候变化。日本的《应对地球变暖对策促进法》倡导通过能源利用的高能源效率、低排放，强调污染物的减量排放等应对气候变化。然而，我国虽然在相关政策中对于提高能源效率以应对气候变化有所涉及，但是相关立法如《节约能源法》根本没有任何回应。这与中国实行绿色发展理念，积极参与全球应对气候变化事业极不相符。因此，笔者认为，我国应借鉴欧盟、美国和日本经验，将提高能源效率置于能源发展的重要位置，并注意健全能源效率相关立法。首先，我国应加快《能源法》的立法工作，并在《能源法》中将能源效率置于核心地位，以便为能源效率法律制度的健全奠定基础；其次，全面清理部门规章和政策，淘汰不适应能源发展形势或与上位法不一致的部分，修改相互之间不协调的部分；最后，尽快完善能源效率法规体系，制定提高能源效率的制度和相应的配套政策，以及地方、行业的提高能源效率的配套法规，以保证能源效率优惠政策的贯彻执行，使政府和用能单位提高能源效率的工作都能纳入法制化、制度化的轨道。

（三） 在能源效率问题上采用综合调整模式

欧盟在能源效率问题上采用多管齐下的方式，共同促进能源效率的提高。主要表现在：其一，欧盟高度重视法律政策在提高能源效率方面的作用；其二，欧盟在加强能源效率政府管制的同时，非常注重利用市场机制促进能源效率目

标的实现；其三，欧盟通过提高公众的能源效率意识、重视开发高能源效率产品、鼓励公众参与等多种社会调整方式提高能源效率。美国在能源效率问题上采取的是"胡萝卜加大棒"政策，主要表现在：一方面对用能产品规定了最低能源效率的强制性标准；另一方面又使用经济和财政税收政策鼓励能源效率的提高。美国这种"胡萝卜加大棒"政策有力地促进了能源效率的提高。日本在能源效率问题上不仅注重通过专门立法保障能源效率措施的执行力，还注重发挥市场机制的作用。我国在能源效率问题上，应借鉴欧盟、美国、日本的经验，并结合我国实际，充分发挥政府管制和市场机制的作用，同时注重发挥社会调整方式的作用。因此，气候变化背景下的能源效率法律规制应采用综合调整模式，即综合采用市场激励、政府管制和社会调整三种手段，共同促进能源效率的提高，有效应对气候变化。

（四）在全面强调能源效率的背景下实施能源效率政策

能源效率问题不仅局限于能源这一部门，还涉及交通、环境、农业、渔业、林业、税收等诸多部门。[①] 欧盟已经把能源效率放到了全面提高能源资源效率这一大背景下。2011 年 3 月，欧盟采用白皮书的形式在单一欧洲交通运输领域制定了路线图，从全球视角审视交通运输部门的发展、未来挑战和需要考虑的政策措施，为建立一个流动的、可持续的、全球性的交通运输体系，促进经济增长和创造就业提出了一系列具体建议；同时提出将大幅减少对于石油的依赖，到 2050 年，交通运输领域的温室气体排放量将减少 60%。[②] 同年 4 月，欧盟委员会提议对能源税指令的一些基本条款进行必要的调整，目标是为能源税的使用提供适当的法律框架，以便为独立于所有能源的能源消费者之间提供公平的竞争环境、为可再生能源征收碳税提供合理框架，使欧盟

---

① 参见程荟著：《欧盟新能源法律与政策研究》，武汉大学出版社 2012 年版，第 222 页。

② 参见 White Paper: Roadmap to a Single European Transport Area-Towards a competitive and resource efficient transport system, COM (2011) 144 final, Brussels, 28.3.2011。

实现提高能源效率和清洁能源的消费目标具备更高程度的一致性。[①] 2011 年 9
月，欧盟委员会在"资源效率旗舰动议"基础上出台了"资源效率欧洲路线
图"，提出到 2050 年，欧盟经济的增长方式将尊重资源限制和地球边界，为
全球经济的转型作出贡献，并认为资源的高效开发能够使经济以更少的资源
创造更多的产出，以更少的投入创造更大的价值，以可持续的方式使用资源
并将其对环境的影响降至最低，因而，资源的高效开发是实现这一愿景的途
径。[②] 各相关部门资源效率法律政策的配合，将有利于欧盟实施能源效率方面
的措施以及制定更为优化的政策。[③]

　　就我国而言，要从根本上解决能源问题，应在全面强调能源效率的背景下
实施能源效率政策。亦即我国应在生态文明理念和绿色发展理念的指导下，
在立法中强调能源效率的突出地位，设计能源领域的多种政策和措施，选择
资源节约型、质量效益型、科技先导型的发展方式，大力调整产业结构、产
品结构、技术结构和企业组织结构，依靠技术创新、体制创新和管理创新，
在全国形成有利于提高能源效率和节约能源的生产模式和消费模式，积极应
对气候变化。

　　① 参见 Proposal for a Council Directive amending Directive 2003/96/EC restructuring the Community
framework for the taxation of energy products and electricity, COM（2011）169 final, Brussels, 13. 4. 2011。
　　② 参见 Communication from the Commission to the European Parliament, the Council, the European E-
conomic and Social Committee and the Committee of the Regions Roadmap to a Resource efficient Europe, COM
（2011）571 final, Brussels , 20. 9. 2011。
　　③ 参见程荟著：《欧盟新能源法律与政策研究》，武汉大学出版社 2012 年版，第 222 页。

第五章 气候变化背景下我国能源效率法律规制的理性选择

气候变化应对必须直面的核心问题是减少温室气体排放。如前所述，提高能源效率无疑是当前应对气候变化和解决发展困境的必由之路。《中共中央关于制定国民经济和社会发展第十三个五年规划的建议》将"绿色"发展作为五大发展理念之一，并提出"推进能源革命，加快能源技术创新，建设清洁低碳、安全高效的现代能源体系"①。《能源发展战略行动计划（2014—2020年）》提出"节约优先战略。把节约优先贯穿于经济社会及能源发展的全过程，集约高效开发能源，科学合理使用能源，大力提高能源效率，加快调整和优化经济结构，推进重点领域和关键环节节能，合理控制能源消费总量，以较少的能源消费支撑经济社会较快发展"②。《中共中央关于制定国民经济和社会发展第十四个五年规划和二〇三五年远景目标的建议》提出："能源资源配置更加合理、利用效率大幅提高，主要污染物排放总量持续减少，生态环境持续改善……推动能源清洁低碳安全高效利用。"③

---

① 参见《中共中央关于制定国民经济和社会发展第十三个五年规划的建议》，载《人民日报》2015年11月4日，第1版。

② 参见国务院办公厅：《国务院能源发展战略行动计划（2014—2020年）》，http：//www.gov.cn/zhengce/content/2014-11/19/content_ 9222.htm，最后访问时间：2022年6月12日。

③ 参见《中共中央关于制定国民经济和社会发展第十四个五年规划和二〇三五年远景目标的建议》，载《人民日报》2020年11月4日，第1版。

一、我国能源效率状况

充分认识能源效率状况是提高能源效率的前提，唯此才能正确认识我国当前实现经济社会可持续发展和气候变化应对所面临的巨大挑战，进而对气候变化背景下能源效率法律规制方案做出合理选择。

（一）煤炭等化石能源占一次能源比重偏高

我国能源结构以煤炭为主，在我国能源生产和消费结构中，煤炭占较大比重。在我国能源探明储量中，煤炭占 94%，石油占 5.4%，天然气占 0.6%，这种"富煤贫油少气"的能源资源特点，决定了我国能源生产和消费以煤炭为主的格局将长期难以改变。① 1997 年，原煤生产占能源生产的比例超过 74 %，2001 年为 68%。② 在消费结构中，1997 年，煤炭所占比重为 75.4%。2008 年，全年能源消费总量 28.5 亿吨标准煤，煤炭消费量 27.4 亿吨，占能源消费总量的 96.1%。③ 2014 年，全年能源消费总量 42.6 亿吨标准煤，煤炭消费量占能源消费总量的 66.0%。④ 2021 年，全年能源消费总量 52.4 亿吨标准煤，煤炭消费量占能源消费总量的 56.0%。⑤ 尽管我国当前已开始发展新能源、可再生能源和替代能源，但无论是新能源还是可再生能源和替代能源的发展，都难以在短期内改变我国以煤炭为主的能源生产结构与消费结构。即使在我国目前控煤力度较大、效果较好的情况下，到 2050 年，煤炭在我国能源消费结构中仍将占据

---

① 参见庄贵阳著：《低碳经济：气候变化背景下中国的发展之路》，气象出版社 2007 年版，第 44 页。

② 参见国家统计局：《2002 年中国统计年鉴》，http：//www.stats.gov.cn/yearbook2001/indexC.htm，最后访问时间：2022 年 6 月 12 日。

③ 参见国家统计局：《2008 年国民经济和社会发展统计公报》，http：//www.stats.gov.cn/xxgk/sjfb/tjgb2020/201310/t20131031_1768615.html，最后访问时间：2022 年 6 月 12 日。

④ 参见国家统计局：《2014 年国民经济和社会发展统计公报》，http：//www.stats.gov.cn/tjsj/zxfb/201502/t20150226_685799.html，最后访问时间：2022 年 6 月 12 日。

⑤ 参见国家统计局：《2021 年国民经济和社会发展统计公报》，http：//www.stats.gov.cn/xxgk/sjfb/zxfb2020/202202/t20220228_1827971.html，最后访问时间：2022 年 5 月 21 日。

很大比例。[①]

（二）化石能源效率整体偏低

我国原煤产量占一次能源的比重超过 70%，对煤的依赖程度远高于世界其他国家。近年来，我国环境承载能力基本达到极限，消耗了 70% 能源资源的工业却只贡献了不到一半的产出，能源效率状况堪忧。从国内来看，能源利用效率整体有所提升，但行业和地区间的能源效率差距较大，高耗能行业和高能源消耗地区的能源效率相对较低。[②] 尤其是我国西部地区能源丰富，但经济发展相对落后，能源效率远远低于东部地区。近年来，尽管我国加大了节能减排工作的力度，能源效率有了一定程度的提高，但单位 GDP 能耗与美国等西方发达国家相比仍然存在很大差距。过去 40 年，我国单位 GDP 能耗的年均降幅超过 4%、累计降幅近 84%。[③]

（三）高碳能源的使用与能源效率问题叠加导致环境问题突出

以煤为主的能源生产和消费结构以及低效的能源利用方式导致我国气候变化等环境问题日趋严重。首先，煤炭以碳元素为主的化学组成成分，决定了高碳能源煤的燃烧会产生大量二氧化碳，成为温室气体的重要来源。其次，由于烟尘和二氧化碳排放量的 70%、二氧化硫的 90% 以及氮氧化物的 67% 来自于燃煤，决定了以燃煤为主的能源结构是造成我国大气质量严重污染的主要原因。[④] 虽然我国能源消费结构在向着逐渐改善的方向发展，但我国尚未改变以化石能源为主的高碳能源结构，2021 年我国煤炭消费占一次能源消费总量的比重为

---

① 参见潘家华：《"十四五"应对气候变化的目标指向》，载《阅江学刊》2020 年第 1 期。
② 参见陈柳钦：《不应忽视能源效率的回弹效应》，载《中国石油报》2014 年 4 月 29 日，第 2 版。
③ 参见丁怡婷：《单位 GDP 能耗降低 13.5%——加快形成能源节约型社会》，载《中国石油报》2021 年 8 月 10 日，第 2 版。
④ 参见高利红、程芳：《我国能源安全环境保障法律体系：理念与制度》，载《公民与法（法学）》2011 年第 2 期。

56.0%，石油占 18.5%，天然气占 8.9%。[1] 最后，粗放的经济增长方式和低效的能源利用方式，也导致我国能源资源被大量浪费，造成严重的环境污染，带来环境破坏与能源资源的不可持续。2018 年，我国最主要的温室气体来源二氧化碳的排放量取代美国成为世界第一，二氧化碳排放占世界总量的比例高达27.51%，而美国所占比例则降至 14.81%，欧盟 28 国的占比只有 9.42%。[2] 由此可见，这种长期以煤为主的能源结构和低效的能源利用方式对我国提升能源效率，促进绿色发展，有效应对气候变化是不利的。我国主要依靠传统化石能源为主的能源供给结构，会伴随着相当大的气候环境风险。因此，笔者认为，在经历了 30 年高能耗、高污染的粗放式经济发展模式后，提高能源效率、降低单位 GDP 能耗、控制能源消费总量、实现温室气体大量减排是我国当前解决气候变化问题的根本出路，也是全面落实习近平生态文明思想的重要举措。

二、我国能源效率法律规制的实证分析

作为一个能源资源消耗巨大的发展中大国，我国虽然已经意识到提高能源效率的重要性，但能源效率法律制度建设才刚刚起步，能源效率立法和政策还存在诸多不足。因此，全面考察我国能源效率法律规制的现状，分析能源效率立法和政策的不足，将有助于合理制定我国的能源效率法律规制方案。

(一) 能源效率法律规制现状考察

1. 能源效率政策

总体而言，我国的能源效率政策和气候变化政策息息相关。我国的能源效率政策经历了一个由单一向复合，[3] 由抽象到具体的演变过程。可以说，能源

---

[1] 统计局网站．"能源转型持续推进 节能降耗成效显著-党的十八大以来经济社会发展成就系列报告之十四"，https://www.gov.cn/xinwen/2022-10/08/content_5716734.htm，最后访问时间 2023 年 6 月 30 日。

[2] 参见潘家华：《"十四五"应对气候变化的目标指向》，载《阅江学刊》2020 年第 1 期。

[3] 政策着力点也从党的十七大单纯地提出"节约能源"到"节约能源和提高能效"并重。

效率政策是随着对气候变化认识的逐步深入而日益明确的。因而，考察能源效率政策与充分认识气候变化政策的发展趋势是密不可分的。随着对气候变化认识的逐步深入，我国应对气候变化政策的重点日益突出，基本理念和路径日益明确，概括起来，主要体现在如下几个方面：

（1）随着对气候变化问题认识的逐步深入，控制重点越来越明确

作为一个负责任的发展中国家，我国对气候变化问题高度重视，近年来不仅成立了国家气候变化对策协调机构，还制定了《中国应对气候变化国家方案》《中国应对气候变化的政策与行动》等一系列相关政策。随着对气候变化问题认识的逐步深入，2007年10月，中国共产党第十七次全国代表大会提出坚持节约资源和保护环境的基本国策。这个阶段，我国对于气候变化应对问题基本是大而化之的原则性规定。2012年11月，在党的十七大"坚持节约"的基础上，党的十八大提出推动资源利用方式根本转变，针对能源、水、土地等重要资源提出大幅降低消耗强度，大幅提高利用率和效益的要求。[①] 2017年10月，党的十九大提出"构建清洁低碳、安全高效的能源体系"[②]。2016年12月，《能源发展"十三五"规划》提出："坚持节约资源的基本国策，把节能贯穿于经济社会发展全过程，推进国际先进能效标准和节能制度，推动形成全社会节能型生产方式和消费模式……坚持发展非化石能源与清洁高效利用化石能源并举。"[③]

2015年4月，《中共中央国务院关于加快推进生态文明建设的意见》明确控制重点，提出要有效控制二氧化碳、甲烷、氢氟碳化物、全氟化碳、六氟化硫等温室气体排放，在治理手段上则首次提出增加森林、草原、湿地、海洋碳

---

① 2012年11月，中国共产党第十八次全国代表大会提出："节约资源是保护生态环境的根本之策。要节约集约利用资源，推动资源利用方式根本转变，加强全过程节约管理，大幅降低能源、水、土地消耗强度，提高利用率和效益。推动能源生产和消费革命，控制能源消费总量，加强节能降耗，支持节能低碳产业和新能源、可再生能源发展，确保国家能源安全。"

② 2017年10月，中国共产党第十九次全国代表大会提出："推进能源生产和消费革命，构建清洁低碳、安全高效的能源体系。"

③ 国家发改委、国家能源局：《能源发展"十三五"规划》，http：//www.nea.gov.cn/2017-01/17/c_135989417.htm，最后访问时间：2022年6月12日。

汇等手段，政策着力点也从单纯的"节约能源"转为"节约能源和提高能效"并重。[①] 2015 年 10 月，《中共中央关于制定国民经济和社会发展第十三个五年规划的建议》提出："坚持绿色富国、绿色惠民，为人民提供更多优质生态产品，推动形成绿色发展方式和生活方式，协同推进人民富裕、国家富强、中国美丽……全面节约和高效利用资源。坚持节约优先，树立节约集约循环利用的资源观。"[②] 2020 年 10 月，《中共中央关于制定国民经济和社会发展第十四个五年规划和二〇三五年远景目标的建议》提出："能源资源配置更加合理、利用效率大幅提高，主要污染物排放总量持续减少，生态环境持续改善……推动能源清洁低碳安全高效利用。发展绿色建筑。开展绿色生活创建活动。降低碳排放强度，支持有条件的地方率先达到碳排放峰值，制定二〇三〇年前碳排放达峰行动方案……积极参与和引领应对气候变化等生态环保国际合作。"[③] 2021 年 4 月，国家主席习近平在北京以视频方式出席领导人气候峰会，并发表了《共同构建人与自然生命共同体》的重要讲话，提出："中方宣布力争 2030 年前实现碳达峰、2060 年前实现碳中和，是基于推动构建人类命运共同体和实现可持续发展作出的重大决策……"[④] 2022 年 10 月，党的二十大报告指出："积极稳妥推进碳达峰碳中和……立足我国能源资源禀赋，坚持先立后破，有计划分步骤实施碳达峰行动……深入推进能源革命，加强煤炭清洁高效利用……加快规划建设新型能源体系……积极参与应对气候变化全球治理。"[⑤] 可见，随着对气候变化问题认识的逐步深入，我国对气候变化应对的控制重点也由党的十七大

① 2015 年 4 月，《中共中央国务院关于加快推进生态文明建设的意见》提出："积极应对气候变化。坚持当前长远相互兼顾、减缓适应全面推进，通过节约能源和提高能效，优化能源结构，增加森林、草原、湿地、海洋碳汇等手段，有效控制二氧化碳、甲烷、氢氟碳化物、全氟化碳、六氟化硫等温室气体排放。"

② 《中共中央关于制定国民经济和社会发展第十三个五年规划的建议》，载《人民日报》2015 年 11 月 4 日，第 1 版。

③ 《中共中央关于制定国民经济和社会发展第十四个五年规划和二〇三五年远景目标的建议》，载《人民日报》2020 年 11 月 4 日，第 1 版。

④ 《习近平出席领导人气候峰会并发表重要讲话》，载《人民日报》2021 年 4 月 23 日，第 1 版。

⑤ 习近平：《高举中国特色社会主义伟大旗帜 为全面建设社会主义现代化国家而团结奋斗——在中国共产党第二十次全国代表大会上的报告》，载《人民日报》2022 年 10 月 26 日，第 1 版。

单纯的"节约能源"转为党的十八大的"节约能源和提高能效"并重，再到党的十九大的二十大"构建清洁低碳、安全高效的能源体系""加强煤炭清洁高效利用，加快规划建设新型能源体系，积极参与应对气候变化全球治理"，体现了我国相关政策对气候变化应对的控制重点，即提高能源效率的认识越来越明确。

（2）趋于气候变化的国内国际压力，提高能源效率的目标设定越来越明晰

我国是世界上受气候变化影响最重大的国家之一，气候变化导致自然灾害频发，给工农业生产和人民群众生活带来重大损失。这不仅引起了国内对气候变化的强烈关注，也对政府采取有效措施应对气候变化提出了更高要求。2014年11月，国家发改委发布的《中国应对气候变化的政策与行动2014年度报告》明确了通过节能提高能源效率减缓气候变化的思路。2014年5月出台的《2014—2015年节能减排低碳发展行动方案》明确提出单位GDP能耗逐年下降3.9%，单位GDP二氧化碳排放两年分别下降4%和3.5%以上的目标。[①] 2014年9月印发的《国家应对气候变化规划（2014—2020年）》明确指出："牢固树立生态文明理念，坚持节约能源和保护环境的基本国策，……健全法律法规标准和政策体系，不断调整经济结构、优化能源结构、提高能源效率、增加森林碳汇，有效控制温室气体排放，努力走一条符合中国国情的发展经济与应对气候变化双赢的可持续发展之路。"[②]

2014年11月，我国在《中美气候变化联合声明》中宣布："中国计划2030年左右二氧化碳排放达到峰值且将努力早日达峰，并计划到2030年非化石能源占一次能源消费比重提高到20%左右。"[③] 2015年9月，我国在《中美元首气候变化联合声明》中提出："中国到2030年单位国内生产总值二氧化碳排放将比

---

① 参见国务院办公厅：《2014—2015年节能减排低碳发展行动方案》，http：//www.gov.cn/zhengce/content/2014-05/26/content_8824.htm，最后访问时间：2022年6月17日。

② 参见国务院新闻办公室网站：《国家应对气候变化规划（2014—2020年）》，http：//www.scio.gov.cn/xwfbh/xwbfbh/wqfbh/2014/20141125/xgzc32142/Document/1387125/1387125_1.htm，最后访问时间：2022年6月17日。

③ 参见《中美气候变化联合声明》，载《人民日报》2014年11月13日，第2版。

2005 年下降 60%—65%，森林蓄积量比 2005 年增加 45 亿立方米左右"；"计划于 2017 年启动全国碳排放交易体系，将覆盖钢铁、电力、化工、建材、造纸和有色金属等重点工业行业"；"将推动低碳建筑和低碳交通，到 2020 年城镇新建建筑中绿色建筑占比达到 50%，大中城市公共交通占机动化出行比例达到 30%"；"将于 2016 年制定完成下一阶段载重汽车整车燃油效率标准，并于 2019 年实施"；"继续支持并加快削减氢氟碳化物行动，包括到 2020 年有效控制三氟甲烷（HFC-23）排放"。[①] 2020 年 12 月 12 日，习近平主席在气候雄心峰会上发表了题为《继往开来，开启全球应对气候变化新征程》的重要讲话，宣布了我国国家自主贡献最新目标："到 2030 年，中国单位国内生产总值二氧化碳排放将比 2005 年下降 65% 以上，非化石能源占一次能源消费比重达到 25% 左右。"[②] 2020 年 12 月 21 日发布的《新时代的中国能源发展》白皮书提出，"坚持绿色发展方向，大力推进化石能源清洁高效利用……提升重点领域能效水平"[③]。

（3）原有管理手段的局限性日益显现，提高能源效率的治理手段不断创新

在应对气候变化、节约资源和提高能源效率方面，我国原有的节能标准体系、能源消费总量的确定以及对化石能源的普遍补贴等政策已经不能适应气候变化应对的需要，与此相关的政策也由原先的初步确立原则逐步过渡到对实现路径和相应制度创新的探索。2013 年 11 月，《中共中央关于全面深化改革若干重大问题的决定》提出："建设生态文明，必须建立系统完整的生态文明制度体系，实行最严格的源头保护制度、损害赔偿制度、责任追究制度，完善环境治理和生态修复制度，用制度保护生态环境……健全能源、水、土地节约集约使用制度。"[④] 2015 年 9 月《生态文明体制改革总体方案》将生态文明体制改革

---

① 《中美元首气候变化联合声明》，载《人民日报》2015 年 9 月 26 日，第 3 版。
② 习近平：《继往开来，开启全球应对气候变化新征程——在气候雄心峰会上的讲话》，载《人民日报》2020 年 12 月 13 日，第 2 版。
③ 国务院新闻办公室网站：《〈新时代的中国能源发展〉白皮书》，http：//www.scio.gov.cn/zfbps/32832/Document/1695117/1695117.htm，最后访问时间：2022 年 6 月 27 日。
④ 《中共中央关于全面深化改革若干重大问题的决定》，载《人民日报》2013 年 11 月 16 日，第 1 版。

的目标确定为："构建覆盖全面、科学规范、管理严格的资源总量管理和全面节约制度，着力解决资源使用浪费严重、利用效率不高等问题"；"建立能源消费总量管理和节约制度。坚持节约优先，强化能耗强度控制，健全节能目标责任制和奖励制。进一步完善能源统计制度。健全重点用能单位节能管理制度，探索实行节能自愿承诺机制。完善节能标准体系，及时更新用能产品能效、高耗能行业能耗限额、建筑物能效等标准。合理确定全国能源消费总量目标，并分解落实到省级行政区和重点用能单位。健全节能低碳产品和技术装备推广机制，定期发布技术目录。强化节能评估审查和节能监察。加强对可再生能源发展的扶持，逐步取消对化石能源的普遍性补贴。逐步建立全国碳排放总量控制制度和分解落实机制，建立增加森林、草原、湿地、海洋碳汇的有效机制，加强应对气候变化国际合作"。[1] 其中，节能自愿承诺机制、增加碳汇等提法均属首次，表明我国正在探索应对气候变化、节约能源和提高能源效率方面新的治理手段。

2. 能源效率相关立法

在气候变化背景下，我国的能源效率相关立法表现出体系较为完整、覆盖领域较为全面、法律法规协同性较好的特点。

（1）体系较为完整

1997 年，我国颁布了《节约能源法》，经过 2007 年修订、2016 年和 2018 年两次修正，趋于完善，标志着能源效率问题正式被纳入法制化的轨道。

目前，我国已经初步形成了由法律、行政性法规、地方性法规以及部门规章和一系列标准构成的有关能源效率法律规制体系的基本框架。其中，相关法律包括《节约能源法》《煤炭法》《电力法》《可再生能源法》《建筑法》《清洁生产促进法》《循环经济促进法》《政府采购法》等；主要行政法规包括《重点用能单位节能管理办法》《节约用电管理办法》《中国节能产品认证管理办法》

---

[1] 《中共中央国务院印发〈生态文明体制改革总体方案〉》，载《经济日报》2015 年 9 月 22 日，第 2 版。

《能源效率标识管理办法》《民用建筑节能管理规定》《关于加强热电联产管理的规定》等。此外，还有《节能产品政府采购实施意见》《"中国绿色照明工程"实施方案》《关于鼓励发展节能环保型小排量汽车意见的通知》《中华人民共和国实行能源效率标识的产品目录（第一批）》《中国能源效率标识基本样式》《房间空气调节器能源效率标识实施规则》《家用电冰箱能源效率标识实施规则》等行政规范和政策性文件。另外，各省市也都出台了配套的实施细则和办法。除以上重要的能源效率相关立法外，国务院及各部委还根据上述立法出台了部分能源效率法规及规章，也成为我国能源效率立法的重要组成部分。如2004年8月出台的《能源效率标识管理办法》是依据《节约能源法》《产品质量法》和《认证认可条例》制定的，其目的是加强节能管理，推动节能技术进步，提高能源效率。[1] 2009年7月颁布实施的《高耗能特种设备节能监督管理办法》则要求根据《节约能源法》《特种设备安全监察条例》等法律法规的规定，加强高耗能特种设备节能审查和监管，提高能源利用效率，促进节能降耗。[2] 可见，我国有关能源效率的法律法规体系较为完整，在一定程度上推动了全社会积极提高能源效率、节约能源，保护和改善生态环境，缓解气候变化带来的不利影响，促进了经济、社会和环境的全面协调可持续发展。

（2）覆盖领域较为全面

2018年《节约能源法》规定"节约资源"是我国的一项基本国策，并确立了"实施节约与开发并举、把节约放在首位的能源发展战略"[3]。与此同时，该法第1条明确规定："为了推动全社会节约能源，提高能源利用效率，保护和改善环境，促进经济社会全面协调可持续发展，制定本法。"[4] 此外，该法涉及消耗能源的工业、建筑、交通运输、公共机构等领域节能，突出对重点用能单位

① 参见法律出版社法规中心编著：《中华人民共和国能源环境法典》，法律出版社2013年版，第27页。

② 参见法律出版社法规中心编著：《中华人民共和国能源环境法典》，法律出版社2013年版，第29页。

③ 《节约能源法》第1条。

④ 参见法律出版社法规中心编著：《中华人民共和国能源环境法典》，法律出版社2013年版，第4页。

的管理；规定了要制定强制性的用能产品、设备能源效率标准、生产过程中耗能高的产品的单位产品能耗限额标准等；强调了要实行节能目标责任制度、节能考核评价制度、能源统计制度、能源效率标识制度，落后的、耗能过高的用能产品、设备和生产工艺淘汰制度等一系列节能管理的基本制度；规定了财政、税收、价格、信贷和政府采购节能激励政策；强化了政府、企业以及其他单位和个人的法律责任。由此可见，该法覆盖的领域较为全面，对于能源效率的提高有着积极的促进作用，是我国能源效率法律制度的重要组成部分。正如有学者指出的："《节约能源法》经过修订，涉及消耗能源的各个领域，并突出重点能耗管理对象，注重政府管理与市场引导相结合，明确政府、企业和个人在节能方面的责任，对能效提高有积极意义。"①

（3）法律法规协同性较好

正在制订中的《能源法》是能源法体系中的基本法，覆盖全面，其中，"能源效率"是其重要组成部分。从该法建议稿的内容来看，设立了能源节约专章，共8条，主要是从政府节能责任的角度出发，规定了节能优先战略的实施、优化产业结构、优化消费结构、构建技术支持体系、建立节能目标责任制和评价考核制度及其他保障措施。2018年10月修订的《大气污染防治法》规定，防治大气污染，应当加强对燃煤、工业、机动车船、扬尘、农业等大气污染的综合防治，推行区域大气污染联合防治，对颗粒物、二氧化硫、氮氧化物、挥发性有机物、氨等大气污染物和温室气体实施协同控制。② 这是控制温室气体减排首次被纳入法治轨道，③ 对我国能源效率的提高及大气质量的改善起到了很大的推动作用，因而该法也成为我国能源效率相关立法的重要组成部分。2012年2月修订的《清洁生产促进法》第1条规定："为了促进清洁生产，提高资源利用效率，减少和避免污染物的产生，保护和改善环境，保障人体健康，

① 高敏：《能效立法疏议》，载《环境保护》2008年第16期。
② 参见《大气污染防治法》第2条。
③ 参见刘晶：《温室气体减排的法律路径：温室气体和大气污染协调控制——评〈大气污染防治法〉第2条第2款》，载《新疆大学学报（哲学·人文社会科学版）》2019年第6期。

促进经济与社会可持续发展，制定本法。"该法对清洁生产进行了界定，即清洁生产是指以提高资源利用效率，减少或避免污染物的产生与排放为目标，通过使用清洁能源及原料、采用先进技术与设备、加强相关领域的管理等措施，从源头上削减污染的产生，减轻或消除其对人类健康和环境的危害之生产行为。《清洁生产促进法》通过对生产过程中落后产能和产品的淘汰，不断提高资源的综合利用效率。[1] 2018 年修正的《循环经济促进法》规定，促进循环经济发展，提高资源利用效率，保护和改善环境，实现可持续发展。[2] 该法要求企业事业单位建立健全管理制度，采取措施，降低资源消耗；鼓励公民使用节能、节水、节材和有利于环境保护的产品和再生产品，减少废物的产生量和排放量；并对钢铁、有色金属、煤炭、电力、石油加工、化工、建材、建筑、造纸、印染等高耗能、高污染行业实行能耗、水耗的重点监督管理制度；并通过建立健全能源效率标识等产品资源消耗标识制度等方式，引导企业生产高能效、低消耗产品，并鼓励和支持企业使用高效节能产品。[3] 相关行业如建筑业及内燃机制造业等都应切实履行好产品节能等方面的设计等。尽管循环经济立法并不以控制温室气体排放为目标，其目的是在生产、流通和消费等领域实现资源的减量化、再利用、资源化，但发展循环经济对于提高资源利用效率、减少废弃物的排放同样具有十分重要的作用。2009 年修订的《可再生能源法》规定，要促进可再生能源的开发利用，增加能源供应，改善能源结构，保障能源安全，保护环境，实现经济社会的可持续发展。[4] 该法还阐明鼓励清洁、高效地开发利用生物质燃料，鼓励发展能源作物及生产和利用生物液体燃料等。[5] 可见，我国能源效率相关法律法规协同性较好，能从多方面促进能源效率的提高，有利于气候变化应对。

---

① 参见李艳芳、武奕成：《我国低碳经济法律与政策框架：现状、不足及完善》，载《中国地质大学学报（社会科学版）》2011 年第 6 期。

② 参见《循环经济促进法》第 1 条。

③ 参见《循环经济促进法》第 9 条、第 10 条、第 16 条、第 17 条。

④ 参见《可再生资源法》第 1 条。

⑤ 参见《可再生资源法》第 16 条。

（二）能源效率法律规制的缺失

综观我国当前能源效率相关法律和政策，虽然体系较为完整、覆盖领域较为全面、协同性也较好，但仍有很大的完善空间。

1. 现行能源效率相关立法不够健全，有待进一步完善

如前所述，我国已经颁布了《节约能源法》《可再生能源法》《清洁生产促进法》和《循环经济促进法》等一系列提高能源效率的相关立法，并根据上述立法出台了《民用建筑节能条例》《公共机构节能条例》《能源效率标识管理办法》等相关法规及部门规章，为提高能源效率起到了重要的促进作用。但是，在其他重点领域如工业、交通运输等领域仍未出台相应规定，在建筑、重点用能单位等领域虽然就提高能源效率出台了相关规定，但多为原则性规定，缺乏具体的实施措施，在实践中可操作性不强。尤其是作为我国能源领域基本法的《能源法》及其相关立法仍处于缺位状态，难以对能源效率的提高起到应有的促进作用。就整个能源立法体系而言，石油、天然气、页岩气、原子能等主要领域的单行能源法缺位，将导致对不同行业能源效率的规制可能存在不协调和冲突的问题。与此同时，伴随着 2005 年《可再生能源法》的颁布，本应与该部法律同时出台的多部配套实施细则还尚未颁布。计划出台的《水电适用可再生能源法的规定》《可再生能源发展的总量目标》《可再生能源产业发展指导目录》等 12 个可再生能源配套法规迄今为止尚未出台。此外，我国目前对有关能源效率问题的规定大多采用政策形式，强制性法律保障措施不足，效力较低，不能达到理想效果。

2. 未充分认识能源效率的新能源属性，未体现能源效率的立法目标

无论是发达国家还是发展中国家，能源的可持续性供给都会影响国家的生命力。随着我国在"十四五"时期转向高质量发展阶段，对能源的需求仍将持续增加。然而，作为世界能源消费大国，我国的能源资源非常有限，能源结构呈现"多煤贫油少气"的特点，新能源和可替代能源的开发利用仍将是一个长

期的过程，以煤为主的能源生产和消费结构在短期内将不会改变。在经济社会发展不得不继续依赖传统化石能源的前提下，提高能源效率无疑可以增加能源的有效供给、保障能源环境安全和能源的可持续发展，因此，能源效率也具有新能源的属性。从应对气候变化的视角来看，提高能源效率是应对气候变化最具成本效益的途径之一，这在全球层面已基本达成共识。2014 年 11 月国家发改委发布的《中国应对气候变化的政策与行动 2014 年度报告》明确提出，节能提高能效是减缓气候变化的方式之一，并提出通过强化节能管理及考核、加强节能评估审查工作、加快实施节能重点工程、进一步完善节能标准标识、推广节能技术与产品、加快发展循环经济、推进建筑领域节能、推进交通领域节能。① 2021 年 10 月发布的《中国应对气候变化的政策与行动》提出，中国是全球能耗强度降低最快的国家，经初步核算，2011 年至 2020 年，中国的能耗强度累计下降 28.7%。②

然而，从目前我国有关能源效率的法律和政策看，虽然也强调了通过多种方式提高能源效率，但还没有充分认识到能源效率的新能源属性，未体现能源效率的立法目标。以《节约能源法》为例，该法虽然将"推动全社会节约能源，提高能源利用效率，保护和改善环境，促进经济社会全面协调可持续发展"作为立法目标，③ 但在具体条款中，提高能源利用效率的方式只有节约能源一种。《循环经济促进法》以资源的高效利用和循环利用为目标，但其设计的相关制度更多的是强调在生产、流通和消费等过程中实现资源的减量化、再利用和资源化。这对于我国能源环境安全和能源的可持续发展、能源效率市场激励制度的建立，以及能源效率对气候变化应对独特优势的发挥都是非常不利的。

3. 立法以政府管制为主导，对市场化制度的确认和应用不足

我国现有的能源效率立法主要采取命令控制手段，即主要采取制定各类能

---

① 参见国家发展和改革委员会：《中国应对气候变化的政策与行动 2014 年度报告》，https://news.bjx.com.cn/html/20141127/568324.shtml，最后访问时间：2022 年 6 月 2 日。

② 参见中华人民共和国新闻办公室：《中国应对气候变化的政策与行动》，载《人民日报》2021 年 10 月 28 日，第 14 版。

③ 参见《节约能源法》第 1 条。

源效率标准、制定限制性或禁止性规范、淘汰落后设备工艺等措施。然而，建设清洁低碳、安全高效的现代能源体系离不开市场机制作用的发挥。正如肖国兴教授指出的，"节能减排是一个技术过程，更是一个制度过程，在这个过程中政府与市场对能源效率的提高都有作用发挥的领域。政府是激励加约束，市场是激励再激励，节能制度的完善是政府制度的完善，更是市场制度的完善。然而，寄生在政府制度中的节能制度再完善也无法替代市场作用，这是能源私人物品的品性所决定的"[①]。

在我国，能源效率相关立法以政府管制为主导，对市场化制度的确认和应用不足。具体来说，一方面，我国的能源效率相关制度包括能源统计制度、能源效率标识制度、节能产品认证制度、重点用能单位的报告制度、总量调控制度和节能规划制度等。这些政府管制制度的确立对于能源效率的提高起到了一定的促进作用。但是，对于诸如节能自愿协议制度、能源需求侧管理、合同能源管理等市场化制度在相关立法中虽然已有规定，但规定得不够详尽或者过于抽象和原则，缺乏可操作性。还有些制度如碳排放交易制度、节能自愿协议制度等在实践中虽已操作成熟，但尚未通过立法加以确定。另一方面，作为基础产业或涉及国计民生重要产业能源产业长期在计划经济体制内存续，即使在市场经济体制在其他领域已经取得实质性进展的情况下，能源产业市场经济的形成与发展仍受到一定的限制。目前，我国能源领域的市场经济尚不成熟，能源、能源效率及能源效率技术的市场理论尚未形成，更无完善的市场规则，直接导致能源效率的提高缺乏动力。能源税、能源价格等是促进能源效率提高的重要市场调节方式，然而我国的能源资源定价和能源税费制度不合理，没有充分考虑能源、环境和经济的协调和可持续发展，没有正确估算煤炭、石油和天然气等传统能源的外部成本，甚至还在对部分污染较为严重的传统能源进行财政补贴和税收优惠，使能源价格难以真正反映能源成本，导致了能源资源严重浪费、

利用率较低等现象。

4. 未将能源效率纳入环评范畴，预防措施设置存在明显漏洞

环境影响评价制度是贯彻"预防为主原则"的一项重要的预防性法律制度，其目的是通过对人类各项经济和社会行为进行分析、评估和预测，预防和避免人类活动可能对环境造成的不利影响。目前，我国《环境影响评价法》已实施十余年，与实践不相融合之处已不断显现。其不足之处主要表现在以下方面：环境影响评价范围仅限于规划和建设项目，没有把国家政策和立法纳入其中；只是鼓励公众参与，而没有把公众参与作为环境影响评价过程的必备环节；对规划环评只进行了原则性规定，而对规划环评的程序、内容、方法等缺乏明确的规定；对违反《环境影响评价法》的行为没有足够的威慑力等。

尤其值得关注的是，《环境影响评价法》未将能源效率纳入环境影响评价的范围，成为能源效率法律规制中预防性措施的重要缺陷。当前气候变化问题已成为人类社会可持续发展的重大威胁，就我国积极应对气候变化的现实而言，按照《环境影响评价法》的规定，环境影响评价是对规划和建设项目实施后可能造成的环境影响进行分析、预测和评估，[①] 但并未明确"可能造成的环境影响"的范围。实践中，可能造成的环境影响包括水污染、大气污染、土地荒漠化、生物多样性锐减、气候变化等多种形式。从《环境影响评价法》立法目的来看，环境影响包括对环境所造成的各个方面的不利影响。该法未将能源活动中的规划与建设项目的能源效率状况及可能对气候系统造成的影响纳入"可能造成的环境影响"的范围，未将能源效率对气候系统所造成影响的评价贯穿能源活动环境影响评价过程的始终。这对能源活动中的拟议方案、替代方案及减轻环境影响的措施进行评估，预防因能源效率低下而对气候系统和环境造成不必要的损害，以及对气候变化应对和环境保护没有起到应有的预防作用。这会导致能源活动中的规划与建设项目根本不考虑其能源效率状况对温室气体排放、

---

① 《环境影响评价法》第 2 条。

气候系统所造成的不利影响。可见，我国能源效率相关立法未将能源效率纳入环评范畴，在预防措施设置方面存在明显漏洞，不利于能源效率的提高和气候变化的有效应对。

5. 相关立法对公众参与重视不够，社会机制调整作用发挥不足

实践表明，环境保护问题的解决有赖于公众的积极参与，气候变化背景下的能源效率法律规制也同样需要公众的积极参与。2002 年《环境影响评价法》规定"鼓励"公众以适当方式参与环境影响评价；2006 年《环境影响评价公众参与暂行办法》仍规定"鼓励"公众参与环境影响评价，并对公众参与环境影响评价的一般要求和组织形式进行了规定；2015 年，我国开始实施的《环境保护法》第 5 条将公众参与确立为环境保护的基本原则。但是，公众参与还存在法律规定过于原则，可操作性不强，在实践中实施效果不佳等问题。虽然 2015 年 7 月环境保护部公布的《环境保护公众参与办法》对公众参与的原则、方式、权利、义务和责任等内容进行了规定，① 2018 年《环境影响评价公众参与办法》也对环境影响评价中公众参与的原则、方式、途径、过程、范围和内容等进行了规定，但由于其只是部门规章，在实践中的作用有限。同时，我国《节约能源法》和《能源法》（征求意见稿）对公众参与的内容没有涉及。这表明能源领域的相关立法对于公众参与重视不够，没有重视公众等社会群体的力量，不利于鼓励公众和社会群体积极促进能源效率的提高。提高能源效率，减少温室气体排放，必须从受影响的各类主体入手、发挥各类主体的积极作用，而公众是温室气体排放的主要来源，有责任积极参与能源效率的提高。我国相关立法不应仅在对环境影响评价中鼓励公众参与，在能源基本法和各能源单行法，以及能源效率相关立法、执法和能源效率管理中，都应将公众参与作为硬性规定，以充分发挥社会机制的调整作用。

_____

① 参见原环境保护部：《环境保护公众参与办法》，http：//www. mep. gov. cn/gkml/hbb/bl/201507/t20150720_ 306928. htm，最后访问时间：2022 年 6 月 18 日。

三、我国能源效率法律规制的原则

气候变化背景下能源效率法律规制的基本原则是对能源效率法律规制具有普遍指导意义的根本性准则。根据我国气候变化应对的现实，应将环境、经济和能源协调发展原则、政府管制与市场机制相结合原则、公众参与原则、能源清洁高效利用原则作为我国气候变化背景下能源效率法律规制的原则。

（一）环境、经济和能源协调发展原则

1. "环境、经济和能源协调发展原则"的内涵

在社会经济发展过程中，人类在通过对能源进行开发和利用、推动社会经济发展的同时，破坏了原有的自然生态环境并产生了大量的废弃物。可见，能源是联系三者的重要媒介和载体，能源供应系统在为社会经济发展提供所需能源的同时，也将在煤炭、石油和天然气等能源的开采、加工和转换过程中所产生的二氧化碳等废物排入环境系统，带来了气候变化等环境问题。因此，环境污染、经济发展和能源消费三者之间的关系是需要协调的。环境（Environment）、经济（Economy）和能源（Energy）协调发展原则又被称为"3E 协调发展原则"，是指气候变化背景下能源效率法律规制的各项法律措施和制度，要综合考虑其可能带来的环境、经济和能源的社会成本与收益，以促进环境保护、经济发展和能源安全。其实质是要求人们在追求经济增长的同时通过对能源高效合理的利用以尽量减少对环境的不利影响，从而实现三者共赢。环境、经济和能源协调发展原则可以从以下两个方面理解：

第一，综合考虑环境、经济、能源和社会成本与收益。环境、经济和能源协调发展原则要求在制定和实施气候变化背景下能源效率法律规制的各项法律制度和措施时，要考虑其对环境、经济和能源的社会成本。既不能片面强调气候变化背景下提高能源效率的生态环境效益，而忽视经济利益和社会成本，造成对经济和社会发展的不利影响；也不能只考虑眼前的经济利益和社会成本而

忽视因对传统化石能源的使用而带来的环境成本和不利影响，从而导致气候变化问题进一步恶化。通过对环境、经济和社会成本与收益的综合考量实现环境效益、经济效益和社会效益的统一，是制定和实施各项法律制度和措施的理想境界，越能够体现"三效统一"的法律制度和措施就越容易执行，越能有效应对气候变化。

第二，促进环境、经济和能源的协调发展。气候变化背景下能源效率法律规制的各项法律制度和措施应综合考虑环境、经济、能源的社会成本与收益，其目的是促进环境、经济和能源的协调发展。气候变化不仅仅是环境问题，更是经济社会发展问题。虽然气候变化背景下能源效率法律规制的措施和制度直接针对的是能源效率问题，间接针对的是气候变化问题，但它也可能带来经济和社会方面的影响。不能因为应对气候变化而阻碍经济社会的发展，而应以应对气候变化为契机，促进经济发展模式和能源结构的转型，在提高能源效率以应对气候变化和保护环境的同时实现环境效益、经济效益和社会效益的统一和最大化，最终实现环境、经济和能源的协调发展。

2. 确立"环境、经济和能源协调发展原则"的必要性

以二氧化碳为代表的温室气体的过度排放及其引发的气候变化问题，直接反映了人与自然的不和谐状态。[1] 为有效应对气候变化，将环境、经济和能源协调发展原则确立为气候变化背景下能源效率法律规制的基本原则，其原因在于：

第一，粗放的经济发展模式和传统的能源消费方式是引发气候变化的主要原因。多年来，粗放的经济发展模式和传统的能源消费方式使大气中的温室气体浓度增加，进一步加剧了气候变化给人类带来的灾难性影响。因此，应对气候变化的最根本措施是减少温室气体排放，即转变经济发展模式和能源消费方式，追求环境、经济和能源的协调发展，实现环境保护、经济发展和能源安全

---

[1]　参见王江：《论碳达峰碳中和行动的法制框架》，载《东方法学》2021 年第 5 期。

三者共赢。

第二，要有效应对气候变化，必须在能源的开采、加工、利用和转换过程中强调环境效益、经济效益和社会效益的统一，以实现环境保护、经济发展和能源安全三者共赢。所以，必须正确处理经济发展和环境保护、能源安全间的关系，正确处理经济发展中当前利益和长远利益间的矛盾。这样既可以提高能源效率又可以减少二氧化碳等温室气体的排放，既可以提高经济效益，又可以减少人类因对传统化石能源的使用而产生的温室气体及其废弃物对环境的不利影响，从而促进经济社会的可持续发展。

第三，能源是促进经济社会可持续发展的必不可少的物质资源，但在能源的开发利用中若不能保障环境安全，经济发展和能源的可持续性就没有任何意义。显然，经济和能源的可持续发展要求在各项制度和措施制定和实施的过程中要综合考虑环境、经济和能源的社会成本与收益，促进环境、经济和能源的协调发展。气候变化背景下的能源效率法律规制的各项制度和措施以可持续发展理论为依据，符合环境、经济和能源协调发展的要求，而环境、经济和能源协调发展原则符合有效应对气候变化的根本要求。

因此，为有效应对气候变化，追求环境保护、经济发展和能源安全三者共赢，将环境、经济和能源协调发展确立为气候变化背景下能源效率法律规制的基本原则既必要也可行。

（二）政府管制与市场机制相结合原则

1. "政府管制与市场机制相结合原则"的内涵

政府管制是指为应对气候变化、维护能源资源的高效和公平利用、矫正市场失灵，由特定政府行政机构根据法律的授权对企业和能源消费者等影响他人和社会的行为进行直接干预和控制的活动。其特征表现为：首先，政府管制的目的是提高能源效率，有效应对气候变化。在能源效率法律规制中，通过政府管制、矫正市场失灵、提高能源效率、减少温室气体排放，维护气候系统的稳定。其次，实施政府管制的主体是在能源效率法律规制中依法享有经济和社会管理职能的政府机构。再次，政府管制的对象是影响他人或社会的行为，如定价、排污和能源消费行为等。最后，管制的手段是政府管制机构基于法定规则和标准对能源开发、利用和保护等进行规范和控制，包括制定标准、标识，进行征税、行政处罚和裁决等。

市场机制是在市场运行中发挥市场配置资源的主导力量的实现机制。市场机制通过能源资源市场的价格波动调整其市场供求关系的变化，进而使不同的市场主体在此过程中通过优胜劣汰的法则进行竞争，从而达到资源优化配置，推动生产要素的自由流动。在能源效率法律规制中，通过市场机制，利用价格手段对能源资源进行优化配置，使能源流向最需要的地方，实现能源高效利用。

基于对市场机制和政府管制两者关系的理解，政府管制与市场机制相结合原则是指为有效应对气候变化，在能源效率法律规制中既要充分发挥市场机制的作用，又要进行政府管制以克服能源效率领域的市场失灵，从而有效提高能源效率，减少温室气体排放。

2. 确立"政府管制与市场机制相结合原则"的必要性

当前，为保障能源效率的提高，不仅要充分发挥市场机制的作用，也要发挥政府管制的作用。笔者认为，之所以将政府管制与市场机制有机结合原则确立为气候变化背景下的能源效率法律规制的原则，主要原因在于：

第一，市场经济条件下，能源资源配置的主导力量是市场。"市场决定资源配置是市场经济的一般规律，市场经济本质上就是市场决定资源配置的经济。"[1] 市场经济的这一本质特征决定了气候变化背景下能源效率法律规制必须反映经济规律，必须发挥市场的作用。在我国，有效的能源效率市场制度还比较缺乏，难以充分调动市场主体提高能源效率的积极性；在已有的能源效率管理方式中，如财政、税收和金融等手段，可操作性不够强，导致企业和公众对

---

[1]　张文显主编：《法理学》，高等教育出版社 2018 年版，第 383 页。

提高能源效率的积极性不高；还有一些重要的能源效率制度与措施的应用不充分，如合同能源管理制度、自愿节能协议等。因此，能源效率法律规制必须依据市场规律，将调节手段或模式市场化，以利用市场资源配置的高效性提高能源产品的利用效率，激励市场主体积极主动采取不同的方式提高能源效率。

第二，我国能源效率领域存在市场失灵现象，需要政府运用行政力量进行调节。随着市场经济的进一步发展，能源效率领域的"市场失灵"现象逐渐暴露，如经济负外部性问题、公共物品问题、信息偏在、垄断等问题。对能源效率领域进行政府管制的目的就是应对气候变化、维护能源资源的高效和公平利用、矫正市场失灵。通过特定政府行政机关根据法律的授权，对企业和公众等行政相对人的行为进行直接的干预和控制。

第三，我国的能源价格基本上实行政府定价，市场机制的作用难以发挥。对能源价格实行政府定价，导致依靠价格手段引导市场主体对能源资源进行高效利用的目的难以实现，进而使市场通过价格手段调整能源资源配置的作用难以发挥。"理论和实践证明，通过市场配置资源是最有效率的形式。"[1] 因此，应充分发挥市场决定能源资源配置的主导力量，使能源价格能够真正反映能源的市场供求关系、能源稀缺程度以及能源的实际价值等，从而矫正政府对能源价格领域管制作用的不足。

因此，气候变化背景下的能源效率法律规制，既要充分发挥市场机制的作用，利用市场资源配置的高效性提高能源效率，减少温室气体排放，又要进行政府管制以克服能源效率领域的市场失灵，解决或缓解经济负外部性问题、公共物品问题及垄断、信息偏在等问题。

(三) 公众参与原则

1. 公众参与原则的内涵

环境法上的公众参与原则也称环境民主原则，是指公众有权通过一定的程

---

① 张文显主编:《法理学》，高等教育出版社 2018 年版，第 383 页。

序或途径参与一切与公众环境权益相关的开发决策等活动，并有权得到相应的
法律保护和救济，以防止决策的盲目性，使该项决策符合广大公众的切身利益
和需要。① 该原则体现了保障环境正义，提高环境效益的具体要求。② 在环境保
护领域，公众的参与能有效弥补政府管制和市场机制的不足。对于环境问题而
言，政府失灵和市场失灵的现象时有发生，而公众是环境问题的直接利益相关
者，他们会对环境问题作出最直接、最迅速的反应。对气候变化背景下能源效
率法律规制中的公众参与原则，我们可以从以下两个方面加以理解：

第一，在能源生产和消费中保障公众参与能够促进公众积极主动参与提高
能源效率的活动。因为环境问题的产生是人类长期生产生活造成的结果，环境
问题的解决也需要人类的共同努力，这是我们无可回避的责任。为实现能源普
遍服务，需要能源服务能够实现普遍性、可获得性、可接受性和非歧视性，因
而公众参与原则要求公众参与能源生产和消费，通过节约能源、选择能源效率
高的产品等行为促进能源高效利用。

第二，公众对于政府和企业提高能源效率的相关决策可以通过一定的途径
和程序积极参与。《21 世纪议程》强调"要实现可持续发展，基本先决条件之
一是公众的广泛参与决策"③。因此，公众参与能源效率法律规制的一个重要方
面就在于能够影响政府和企业的决策，使之做出有利于提高能源效率、应对气
候变化和经济社会可持续发展的决策方案。

2. 确立"公众参与"原则的必要性

公众参与原则是环境法的重要原则之一。无论是国际法律文件还是我国的
立法都对公众参与原则给予了充分的肯定。笔者认为，气候变化背景下的能源
效率法律规制也应确立公众参与原则，主要原因在于：

第一，环境民主是环境法的基本要求，而公众参与原则是环境民主的实质

① 参见汪劲著：《环境法学》，北京大学出版社 2018 年版，第 61 页。
② 参见周珂等主编：《环境法（第六版）》，中国人民大学出版社 2021 年版，第 38 页。
③ 联合国环境与发展大会：《21 世纪议程》，国家环保局译，中国环境科学出版社 1994 年版，第
249 页。

表达。民主的理念要求利益相关的公众都有参与公共决策的权利。民主是法治进程中必不可少的环节，公众参与原则正是环境民主实现的保障。要对能源效率进行法律规制，公众参与既是对公众参与权的确认，也是对其权利实现的保障。因此，在一个民主的法治国家中，生活其中的个人在享有信息知情权的前提下，对于环境事务的公共决策更享有参与权。民主和法治本就是法律制度的一体两面，在能源效率法律规制中规定公众参与原则，有利于实现政治民主、平等，有利于政府决策合理化、正当化，有利于公众维护自己的合法权益，同时，公众参与也能促进能源效率管理的合理性和有效性。① 可见，公众参与是解决气候变化背景下能源效率法律规制问题的理想方式之一。

第二，公众参与原则是实现环境正义的基本要求。环境正义要求的是环境利益的公正分配、公平交换秩序的保障和利益主体之间不对等关系的矫正。唯有通过确立公众参与原则，使包括能源消费者及其他弱势群体在内的公众参与到决策中来，才符合环境法所追求的实质正义的价值要求。

第三，公众积极参与提高能源效率，能够促进气候变化应对。一方面，生产生活中能源消耗所产生的废气都是造成气候变化的人为原因，作为温室气体排放来源主体的公众，有责任积极参与能源效率的提高，减少人为造成气候变化的负面影响。另一方面，由于气候变化引发的自然灾害将直接影响人的生命财产安全，且这种影响是普遍性的，任何人都难以避免，因而提高能源效率、减少温室气体排放，必须从产生影响和受影响的各类主体入手、发挥各类主体的积极作用。而公众参与就成为其中不可或缺的重要方面。

因此，作为实现环境民主和环境正义的重要途径，将公众参与原则确立为气候变化背景下能源效率法律规制的基本原则是必要和可行的。

_____

① 参见高敏：《能效立法疏议》，载《环境保护》2008 年第 16 期。

（四）能源清洁高效利用原则

1. "能源清洁高效利用原则"的内涵

提高能源效率是能源清洁高效利用原则的核心，能源清洁高效利用就是追求能源的资源效益最大化。实际上，能源清洁高效利用也可以表述为"节能减排、节能降耗、节能增效、综合利用"。气候变化背景下的能源清洁高效利用原则应包括以下几个方面：首先，我们应特别强调在能源利用中注入能源理性消费的理念，使能源效率的概念层次清晰；其次，能源清洁高效利用原则必然要求节能降耗、节能增效，即在工业生产和其他能源活动中注重节约能源、提高能源效率、以相同的能耗产生更多的经济效益和社会效益；再次，综合利用要求生产者提高三废（废固、废液、废气）的综合利用率，紧紧围绕节能降耗、减污、增效的目标，积极实施清洁生产；最后，还要注重节能技术的开发，这不仅有利于降低能源消费、提高能源效率，还能促进能源和环保技术设备的出台与推广，既有助于长期缓解能源供应的压力，又有利于改善与能源相关的环境问题，促进经济社会的可持续发展。

因此，能源清洁高效利用原则，是在考虑能源资源的有限性的基础上，在能源开采、运输和使用过程中，采用必要的经济和技术等手段，消除不必要的能源浪费，提高能源利用效益，实现经济社会的可持续发展。

2. 确立"能源清洁高效利用原则"的必要性

随着温室气体排放量的不断增加，气候变化形势日趋严峻，能源清洁高效利用成为缓解全球气候变化问题的有效手段之一。因此，气候变化背景下的能源效率法律规制应确立能源清洁高效利用原则，主要原因在于：

第一，现阶段，我国经济仍将保持中高速增长，对能源资源的需求将会进一步增加。以目前我国的能源生产和消费结构来看，国内能源的储量难以满足当前和长远发展的需要。特别是我国当前建筑和交通领域的用能占比上升，用能方式更加多样，负荷特性更趋分散、灵活多变，高效满足多元化能源需求的难度日益增大。[①] 另外，我国未来城镇化发展加速，人口将会向更多的中心城市聚集，将会促使区域能源需求增加，导致用能需求的增加。[②] 因此，必须提高能源效率，促进能源资源的清洁高效利用。

第二，能源效率低下和清洁能源在能源结构中所占比例偏低是我国能源供应不足以及环境污染问题严重的主要原因之一。尽管我国《2030年前碳达峰行动方案》提出到2030年，非化石能源消费比重达到25%左右，[③] 但我国的能源消费结构仍以煤炭、石油、天然气等化石能源为主，导致在对化石能源的开发利用中会产生大量污染物，进而产生大气污染和水污染等严重的环境污染问题。能源的清洁高效利用不仅可以有效缓解温室气体大量排放的现实，还可以减少非清洁能源所造成的严重的环境污染问题，通过清洁生产减少温室气体排放，从而有效应对气候变化和环境污染问题。

第三，能源效率低下也是我国温室气体排放量增加的主要原因。为有效应对气候变化，必须减少主要因化石能源的使用而产生的温室气体排放量。长期以来，我国经济发展对能源资源的利用采取的是"高能耗、高污染、高排放"的方式，通过清洁高效利用能源，可以有效降低化石能源利用中产生的温室气体对气候系统的威胁，以有效应对气候变化，实现经济发展与自然环境的和谐。可见，我国当前需要进一步提高现有能源效率，提高单位能源的产能，降低能耗，促进经济社会绿色发展。

因此，基于我国的经济发展需求，为有效应对气候变化、改善能源效率状况，将能源清洁高效利用原则确立为气候变化背景下的能源效率法律规制的基本原则是必不可少和切实可行的。

---

① 参见国务院发展研究中心资源与环境政策研究所编：《中国能源革命进展报告（2020）》，石油工业出版社2020年版，第16页。

② 参见国务院发展研究中心资源与环境政策研究所编：《中国能源革命进展报告（2020）》，石油工业出版社2020年版，第16—17页。

③ 参见国务院：《2030年前碳达峰行动方案》，载《人民日报》2021年10月27日，第7版。

四、我国能源效率法律规制的思路

为更有效地应对气候变化，我国能源效率法律规制应借鉴国外能源效率法律规制的有益经验，结合我国能源效率法律规制实践，充分认识提高能源效率的重要性，强化其在应对气候变化中的作用，并将其贯穿于能源法律体系的各项法律法规和政策之中，以实现"政府管制型向市场主导型转变，他律型向自律型转变，事后处置型向事先预防型转变"为指引，强化能源效率在应对气候变化中的重要作用；推动能源效率政策向立法转变，健全能源效率法律规制体系；理性选择能源效率法律规制的方案；构建政府管制、市场激励、社会调整"三位一体"的综合调整模式。

（一）强化能源效率在应对气候变化中的重要作用

当今世界，气候变化应对已成为人类社会不可回避的现实问题。我国是世界温室气体排放大国，有效应对气候变化是我国的责任，更是可持续发展的要求。

对于如何有效应对气候变化，世界各国都进行了有益的探索。如今，人们已经认识到，导致气候变化的罪魁祸首——温室气体，主要来自煤炭等化石能源的使用。因此，世界各国基本达成共识：提高能源效率是应对气候变化最有效和最具成本效益的途径之一。

如前所述，我国不合理的能源生产和消费结构、对高碳能源的使用以及能源效率的低下叠加，导致温室气体减排压力大，环境问题日益突出。而且，我国以煤为主的传统化石能源在能源消费结构中占比较大，而新能源和可替代能源的开发利用是一个漫长的过程，经济社会发展还不得不继续依赖传统的化石能源。在此背景下，由于传统化石能源的不可再生性，低效率的能源使用将导致温室气体大量排放，势必对气候系统造成不利影响。为保障经济社会的可持续发展，应强化提高能源效率在应对气候变化中的重要作用，以最大限度减少温室气体排放，更有效地应对气候变化。然而，目前我国有关能源效率的法律和政策虽然规定了通过多种方式提高能源效率，但往往把其作为节能减排的手段之一，效果并不明显，能源效率在气候变化应对中的独特优势远没有得到发挥，这对我国有效应对气候变化和实现 2030 年自主贡献目标是非常不利的，甚至会影响我国能源环境安全。

基于上述分析，笔者认为，在能源效率法律规制中，应充分认识到提高能源效率在气候变化应对中的重要作用，把提高能源效率作为立法目标，贯穿于能源法律体系的各项法律法规之中，并在法律规范和具体制度设计中，强化提高能源效率，真正实现这一立法目标。

（二）推动能源效率政策向立法转变，健全能源效率法律规制体系

如前所述，我国有关能源效率政策经历了从单纯的"节约能源"到"节约能源和提高能效"并重，再到"全面节约和高效利用能源"的过程，表明了我国气候变化应对的相关政策对气候变化应对的控制重点，即对提高能源效率的认识越来越明确。然而，我国能源效率相关立法有所滞后，并未跟上能源效率政策的进步趋势，使能源效率法律和政策之间缺乏协同性。因此，笔者认为，我国应全面贯彻落实二十大报告提出的"协同推进降碳、减污、扩绿、增长，推进生态优先、节约集约、绿色低碳发展"要求，加快推动能源效率政策向立法转变，健全全面、科学和规范的能源效率法律制度。

1. 推动能源效率提高政策向立法进行合理转化

政策与法律都是提高能源效率的有力支撑，并各有所长。政策制定方便、措施灵活，且制定成本较法律要低得多，但稳定性不高。法律制定程序相对复杂，制定成本较高，但优势在于稳定性强、更具强制力，能够更充分、有效地为事物的发展提供有力保障。因此，对新事物而言，以政策措施加以规制更具优势，遇到问题可以及时进行调整；而对成熟事物的长期稳定规制，法律则更具天然优势，能够更长效、更充分地提供保障。就气候变化背景下的能源效率

法律规制而言，我国应从以下几个方面加以考虑：

首先，在新能源、可再生能源发展初期，由于提高能源效率的相关科学、技术水平等还不够成熟，不宜用法律工具对其加以规制，而更适合选择政策性工具对相关领域进行及时、灵活的政策性调整，这样更有利于节约制度成本。但是，对于如煤炭、石油、天然气等传统的化石能源而言，能源效率的提高是一个漫长而持续的过程。由于技术相对成熟，并且这些传统的化石能源的使用是二氧化碳排放的主要来源，为有效应对气候变化，靠政策这一多变的制度性措施很难促使其实现，必须依赖于法律制度的规范，以避免因时代变迁而带来的政策的时效性与多变性对其产生的不利影响。

其次，将气候变化应对相关政策和国家能源发展规划的目标及时与我国能源效率相关立法相衔接，以推动有关提高能源效率的政策向立法转变。近年来，我国应对气候变化的相关政策和国家能源发展规划，是对我国贯彻和实施气候变化应对以及能源战略的经验总结。这些政策和规划所提出的许多思路、目标和政策措施与我国温室气体的排放控制要求是相互契合的。因此，我国能源效率法律规制应当及时跟进，将这些政策和规划所提出的有助于降低温室气体的排放控制的措施转化为具体的法律制度。例如，我国一些有关提高能源效率的政策有的在实践中已经相对成熟，如碳排放权交易制度等有助提高能源效率的重要制度，仅在如《碳排放权交易管理办法（试行）》这一部门规章中确立该制度，不足以有效发挥该制度的重要作用。

2. 健全能源效率法律规制体系

在应对气候变化，提高能源效率方面，健全的能源效率立法对于提高能源效率能起到规范、指引和促进作用。当前，我国能源效率立法尚处于起步阶段，需要结合经济、社会、法治环境和技术水平等现实因素，在实践中不断调整和完善，为能源效率的提高提供法律保障。鉴于此，能源效率法律体系的健全就显得尤为必要。具体而言：

首先，应尽快出台综合性的能源基本法——《能源法》。适当结合温室气体减量排放，有效应对气候变化的思路，在宪法的统率下，尽快出台综合性的能源基本法——《能源法》。鉴于气候变化已成为人类社会可持续发展面临的巨大挑战，以及我国能源效率较低的现实，应在未来的《能源法》中将提高能源效率置于重要地位。这对于我国提高能源效率，减少温室气体排放，以及保障能源资源的可持续利用都具有十分重要的意义。另外，应加快制定核能、页岩气、原子能等主要能源领域的单行能源法，并修订《石油天然气管道保护法》和《可再生能源法》等单行能源法，在不同能源单行法中对能源效率标准、提高能源效率方面的具体内容和制度等有关提高能源效率的内容具体化。

其次，对一些重要的能源效率制度予以确认和具体化。目前，我国一些有关提高能源效率的政策在实践中已经相对成熟，如碳排放交易制度等，需要法律加以确定。有的虽已有规定，但不够完善，如合同能源管理制度、能源需求侧管理制度等，仍需要进一步健全，以增强其在实践中的可操作性，从而更有效地发挥其提高能源效率、有效应对气候变化的作用。尤其是要制定合理的能源效率标准。在这方面，可借鉴日本的"领跑者"制度，研究制定比现有能源效率水平高的能源效率标准，并将能源效率标准的范围逐步扩大到工商业、建筑、交通、住宅等领域的能耗设施，以促进我国能源效率整体水平的逐步提高。

最后，健全能源效率法律责任制度。"法律责任作为法制运行的保障机制，是法制不可缺少的环节"[①]，能源效率法律责任制度的完善，是我国气候变化背景下能源效率法律规制的重要方面。为了保证能源效率的有效提高，国家有关机关要对违反能源效率相关立法的主体根据其违法行为的性质、危害后果和主观因素的不同，分别给予相应的法律制裁，包括追究行政责任、民事责任和刑事责任。另外，笔者认为，在我国《节约能源法》《矿产资源法》《石油天然气管道保护法》《电力法》以及未来《能源法》的修订过程中，对涉及"提高能源效率"义务的相关规定，也应在其"法律责任"部分体现出来，以切实保障

能源效率的提高。

（三）理性选择能源效率法律规制的方案

波斯纳在《法律的经济分析》中提出："不同的法律方案实现人们既定目标的程度有所不同，而在特定的时空领域只能选择一种而放弃其他。"① 因此，必须理性选择能源效率法律规制的方案。因为理性是法律的前提，法律只有符合理性才有其存在的价值。能源效率法律规制也必须遵循理性这一前提。理性的依据是法律必须是良法，其特点之一便是法律是否提高能源效率之必需，是否客观反映了提高能源效率、气候变化应对的需要，是否能够充分发挥政府、企业和社会的作用。

1. 优先确立需求较为迫切和能够有效提高能源效率的制度

美国学者麦乐怡指出："法律的经济分析通过对法律规则（Doctrine）进行成本和收益分析及经济效率的分析，使我们可以就法律实施的结果得出结论，并对特定的法律安排的社会价值做出评判。"② 落实到气候变化背景下的能源效率法律规制，在立法时机已经比较成熟，需要法律对能源效率相关领域进行规制时，我们应尽可能节约法律成本，避免浪费法律资源，实现法律效率的最大化。为实现法律效率的最大化，必须对有关能源效率法律资源进行合理选择，遵循社会对能源效率法律规制的有效需求，并充分考虑法律的成本与收益。社会收益高而成本低时，选择立法或修法；法律收益低而成本高时，则谨慎立法，选择其他制度和政策工具以获取能源效率法律规制的最大效率。可见，法律规制方案的选择应着重考虑以下三个方面：首先，法律是一种稀缺资源，必须以社会需求作为立法和制度设计的基本依据，超前立法与立法滞后都会产生法律的不经济性。其次，还要考量国际社会对于相关立法和制度的设计的得失，以有效提高立法和制度的设计绩效。避免法律确立后的效率低下状态。最后，法

---

① Posner, *Economic Analysis of the law*, Chicago: Litter Brown and company, 1986, p. 6。
② 参见 ［美］罗宾·保罗·麦乐怡：《法与经济学》，孙潮译，浙江人民出版社 1999 年版，第 2 页。

律的制定成本必须被纳入立法考量，社会不能无限度地扩大法律规模，也不能限制法律规模的发展，因为制度资源的规模过大，会造成资源的浪费；制度资源的规模过小，则会制约社会的发展。可见，"合理的制度安排能够保证社会发展的制度需求与制度资源的供给处于良性的互动之中"①。就能源效率法律规制而言，在需要法律规制的领域不采用法律规制，显然会对能源效率的提高和气候变化应对不利，但过度扩大法律资源的使用范围也必然造成资源浪费。因此，在特定时期内，是否在各能源领域引入能源效率法律机制应考量该机制满足社会需求的迫切程度，是否比其他机制更有利于能源效率的提高，其法律效率是否能获得最大限度的发挥。因此，社会需求较为迫切和能够有效提高能源效率的立法和制度设计应优先确立。

2. 充分发挥政府、市场和社会在能源效率法律规制中的作用

为保障能源效率的提高，有效应对气候变化，在能源效率法律规制中需要充分发挥政府、市场和社会的作用。其原因在于：

首先，能源效率法律规制需要政府通过立法、制定能源效率标准、实行能源效率标识、环境影响评价制度等一系列强制性措施保障能源效率的提高；需要政府对企业、行业协会和其他社会组织的行为进行监督，从而促进企业和社会组织提高能源效率；需要政府发挥对能源效率法律规制的政策导向作用，创造有利于提高能源效率的社会环境，并激发企业、社会组织和公众提高能源效率、应对气候变化的积极性。

其次，能源效率法律规制需要市场机制作用的发挥，如实行合同能源管理、节能自愿协议和能源需求侧管理等制度，使公众、企业和其他社会组织等与能源利益相关的各方能够按照市场经济规律获得应有的收益；需要通过市场激励作用的发挥，使公众、企业和其他社会组织主动提高能源效率和合理利用能源。

最后，能源效率法律规制需要社会作用的发挥，如通过实施公众参与制度

---

① 汪全胜著：《立法效益研究——以当代中国立法为视角》，中国法制出版社 2003 年版，第 235—236 页。

使公众加深对提高能源效率、有效应对气候变化的认识，使公众主动选择能效高的家用电器、参加能源需求侧管理等提高能源效率的活动；通过实施能源行业协会节能自律制度，使能源行业协会更好地发挥自律、服务、协调和监督功能，以保障行业协会内部成员有效提高能源效率。

（四）构建"三位一体"的能源效率法律规制综合调整模式

借鉴国外能源效率法律规制的有益经验，结合我国能源效率法律规制的实践，应依据调整机制理论和正义价值理论的要求，构建"三位一体"的能源效率法律规制模式，对能源效率领域进行综合调整，充分发挥政府、市场和社会的作用，从而提高能源效率、有效应对气候变化。

1. 构建"三位一体"的能源效率法律规制综合调整模式的理论依据

"调整机制理论"为气候变化背景下能源效率法律规制综合调整模式的确立提供了有力的理论支持。政府管制、市场调节和社会调整是应对各类社会问题的三种机制，气候变化背景下的能源效率法律规制，离不开三种机制的协调并用。三种机制各有所长，只有相互配合才能充分发挥各自的作用。政府机制可以在一定程度上克服市场机制在提高能源效率领域的失灵，市场机制可以使政府机制更具成本有效性，而公众参与机制则可以为市场机制和政府机制的合理有效运行提供保障。[①] 在气候变化背景下的能源效率法律规制中，政府管制制度通过命令和控制工具要求、禁止或限制企业和公众从事特定行为，以提高能源效率；市场激励制度通过市场机制的运作激励企业和公众积极进行提高能源效率的活动；社会调整制度通过行业协会和公众的积极参与，促使行业协会及其成员企业以及公众积极参与能源效率的提高。政府管制、市场激励和社会调整三者相互配合，充分发挥各自的优越性，符合提高能源效率有效应对气候变化的要求。

---

① 蔡守秋：《第三种调整机制——当代环境资源法研究的一个新领域》，http：//riel. whu. edu. cn/article. asp？id＝29474，最后访问时间：2022 年 6 月 18 日。

能源效率法律规制综合调整模式符合我国气候变化应对所追求的价值要求。"自由"与"平等"是气候变化背景下能源效率法律规制正义价值的两个侧面。正义价值的"自由"要求能源效率相关立法通过确认和保障企业和公众享有提高能源效率的基本权利来实现自由。权利与义务相对应，企业和公众享有提高能源效率的基本权利意味着政府具有提供能源效率相关服务的责任和义务。企业和公众提高能源效率中基本权利实现的过程，就是政府、企业和公众共同参与提高能源效率的过程，是三者各自行使不同权利（权力）和承担不同义务（责任）的过程。正义价值的"平等"要求在能源效率规制过程中对弱势群体给予特殊的对待。这种特殊对待既包括更多的帮扶，也包括更少的责任，是区别责任的依据。此外，规避政府管制、市场激励、社会调整之不足，充分发挥政府、市场、社会三者联动之优越性也有利于提高能源效率行为的成本有效性，是气候变化背景下能源效率法律规制效率价值的体现。

2. 构建"三位一体"能源效率法律规制综合调整模式的现实依据

"三位一体"的能源效率法律规制综合调整模式要求政府管制、市场激励和社会调整三种机制共同发挥作用，以保障能源效率的提高，减少温室气体的排放。

无论是政府关于提高能源效率政策的变化，还是企业生产经营方式的改变或公众对耗能设备的选择，都将在一定程度上影响能源效率，进而影响温室气体的排放。从能源效率的具体提高过程来看，确保政府政策、决策有利于提高能源效率，需要公众、企业对政府的决策和行为参与和监督；促使企业积极提高能源效率、减少温室气体的排放，需要政府的规范与引导和公众的监督；促使公众积极提高能源效率，参与温室气体减排，同样需要政府的引导。可见，只有使政府管制、市场激励和社会调整三种机制共同发挥作用，才能使各主体提高能源效率的行为相互支持、互相促进，从而更好地应对气候变化。

另外，能源使用、工农业生产、废弃物处理和商业服务、住宅居家等生产和生活过程都会带来温室气体排放。能源效率法律规制选择综合调整模式要求各类能源效率法律规制关系主体都参与到提高能源效率的过程中来，都能够发挥其在提高能源效率中的优势。政府通过立法和监管等多种方式管控企业、公众提高能源效率的行为，以及提供信息、资金和应急救助等提高能源效率相关的服务，促进能源效率的提高。企业通过要求和监督政府提供提高能源效率相关的服务，以及从事提高能源效率的行为，促进能源效率的提高。公众通过监督和协助政府、企业则通过提供提高能源效率的行为，参与推进能源效率的提高。这就要求政府管制、市场激励和社会调整三种机制综合作用，使提高能源效率的各项法律措施和制度得到落实，并明确政府、企业和公众在提高能源效率中的权利（权力）和义务（责任），使政府通过依法行使权力和承担责任，具体参与提高能源效率，而企业、公众则通过依法行使权利和承担义务，具体参与提高能源效率。

五、我国"三位一体"能源效率法律规制模式的具体设计

气候变化背景下能源效率法律规制选择"三位一体"的综合调整模式，能够使政府、企业和社会在提高能源效率方面的作用得到充分发挥。而政府管制、市场激励和社会调整三种机制的相互配合，正是充分发挥三者优越性，促进能源效率提高，有效应对气候变化的必然要求。

（一）能源效率市场激励法律制度

提高能源效率是成本最低、环境最友好的减排手段。① 要使提高能源效率、减少温室气体排放成为长效机制，就要使其成为"有利可图"的营利性活动。而市场激励制度在诸多能源效率法律制度中最能满足这种要求，因为"激励是一种对人类行为起诱导或驱动作用的力量，引导人们按照特定的方式调整自己

---

① 肖国兴：《论中国节能减排的法律路径》，载《郑州大学学报（哲学社会科学版）》2010年第6期。

的行为"①。正如肖国兴教授所指出的，"节能减排是一个技术过程，更是一个制度过程，在这个过程中政府与市场对能源效率的提高都有作用发挥的领域。政府是激励加约束，市场是激励再激励，节能制度的完善是政府制度的完善，更是市场制度的完善"②。显然，能源效率市场激励法律制度的构建对于能源效率提高的效果最为直接和明显，其主要包括合同能源管理、节能自愿协议、能源需求侧管理等制度。

1. 合同能源管理制度

（1）合同能源管理的内涵

合同能源管理是一种新型的节能方式，③ 是指以市场机制为基础、节能服务合同为载体，通过节能服务的提供方与用能方分享节能所减少的能源费用来支付节能项目的全部成本和实现盈利的一种市场化手段。

合同能源管理是一种重要的能源效率市场激励制度，符合外部成本内部化的要求，能够充分发挥市场对资源配置的基础性作用，从而更灵活地促进能源资源的高效利用。主要表现为：对用能方而言，按照合同规定，节能服务公司通过为用能方提供专业系统的节能服务，使用能方在投入少量或者不投入资金的情况下实现降低能源消耗、提高能源效率的目标，并且在合同结束后还可以获得节能设备和技术等的无偿转让，因而对用能方有合同风险低、能源使用费用降低和提高企业竞争力的积极作用；对节能服务公司而言，只要在合同能源管理过程中能够利用其专业优势产生节能效益，就能按照合同规定与用能方共同分享节能所获得的收益。显然，合同能源管理制度不仅能够使合同能源管理双方实现双赢，而且在客观上对气候变化应对意义重大——通过提高能源效率，减少能源消耗，可以大幅降低能源消耗所产生的温室气体排放，从而更有效地

---

① ［美］巴里·菲尔德、玛莎·菲尔德著：《环境经济学》，原毅军等译，中国财政经济出版社2006年版，第5页。

② 肖国兴：《论中国节能减排的法律路径》，载《郑州大学学报（哲学社会科学版）》2010年第6期。

③ 张玉东、刘东晓：《合同能源管理的实践检视与路径优化》，载《山东社会科学》2020年第7期。

应对气候变化。

（2）我国合同能源管理制度评析

实践中，合同能源管理制度取得了一定进展，促进了能源效率的提高。我国 2018 年修正的《节约能源法》对合同能源管理作出了原则性规定，相关部门规章和规范性文件也涉及合同能源管理的内容。然而，合同能源管理制度仍存在诸多不足，主要体现在以下几个方面：

第一，合同能源管理过程融资困难。在合同能源管理中，节能服务公司通过为用能方提供节能服务所减少的能源费用支付节能项目的全部成本和实现盈利。但是，节能服务公司前期节能设备成本投入较高，项目建设周期长，因而融资风险高，较难得到银行等金融机构的融资。因此，融资困难成为合同能源管理取得发展的重要难题。

第二，对合同能源管理激励措施不足。我国为发挥合同能源管理的优势，采取了一些鼓励性措施，但这些措施并未真正发挥其应有的作用。从我国对合同能源管理的相关鼓励性政策上看，主要是通过直接的金钱奖励对实施合同能源管理的节能服务公司进行奖励。这种做法对于需要资金的节能服务公司能够起到积极作用，但也会使小部分节能服务公司"钻空子"，导致国家资源被严重浪费，起不到推动合同能源管理发展的作用。

第三，缺乏对节能服务公司准入门槛的设置。节能服务公司是合同能源管理的重要参与者，其拥有对节能项目系统和专业的改造实力，是合同能源管理项目实现预期目的的关键。目前，按照我国相关立法的规定，成立节能服务公司仅需符合《公司法》的规定，而未涉及对节能服务公司专业资质的认定，这就造成节能服务公司的专业性良莠不齐，严重影响了合同能源管理的实施效果。

第四，我国合同能源管理的相关立法不完善。首先，我国目前相关立法中合同能源管理的程序、标准和风险管理等有关内容缺位。其次，我国《民法典》合同编中缺少对合同能源管理中的能源管理合同性质的规定，造成能源管理合同难以在《民法典》合同编中找到其应有的位置。最后，规范合同能源管理的能源效率标准、节能效果评估等具体工作实施标准不足，影响了合同能源管理工作的顺利开展。

（3）我国合同能源管理制度的完善

合同能源管理制度对提高能源效率，减少温室气体排放的积极作用日益凸显。但是，合同能源管理制度还存在融资困难、激励措施不足、缺乏节能服务公司准入门槛等难题，笔者认为，可以从以下几个方面加以完善：

第一，创新融资模式。节能项目融资风险高，国家鼓励性政策不到位导致合同能源管理项目融资困难。为解决合同能源管理的融资难问题，应从以下两个方面着手：一方面，构建规范的合同能源管理项目投融资交易平台；另一方面，改变传统担保形式，增加政府担保，使节能服务项目更容易得到资金支持。

第二，加大对合同能源管理项目的激励力度。2007年的《节约能源法》第一次以法律形式明确了国家在财税、价格等政策方面对"合同能源管理"予以支持。[1] 2018年修正的《节约能源法》对此没有修改，仍只进行了原则性规定，难以有效推进合同能源管理项目规模的扩大。要发展和落实合同能源管理，需要建立一个良性、面向市场、有利于合同能源管理发展的多层次激励政策体系和环境，形成效果显著的激励机制，引导社会资金投向合同能源管理，解决合同能源管理困境。[2] 因此，必须加大对合同能源管理的激励力度。首先，我国应对节能服务公司进行税收减免，促进提高能源效率技术的成熟和市场结构的优化。其次，应建立合同能源管理的中央和地方专项基金制度，通过专项基金对合同能源管理项目进行奖励。最后，落实国家的财政和税收等方面的政策，用财政补贴、贴息等方式支持用能方和节能服务公司进行节能项目改造，促进合同能源管理的发展。

第三，设置合理的节能服务公司准入门槛。规范节能服务行业的良性发展，

---

① 参见王元忠、李雪宇主编：《合同能源管理及相关节能服务法律实务》，中国法制出版社2012年版，第21页。

② 参见陈晓春、唐嘉：《合同能源管理的激励政策研究》，载《求索》2016年第3期。

需要设置合理的节能服务公司准入门槛。首先，要保证节能服务公司资质认证机构得到社会的高度认可，这就要求认证机构的专家应是能够对节能服务公司的资质作出独立、客观判断的专业资深人士。其次，应制定全面、系统、具有可操作性的认证指标体系以及能够反映公司差别的资质等级。再次，应定期对节能服务公司进行考核、评级，以督促其专业素质和业务水平不断提高。最后，应建立第三方节能效益评估认证机构。第三方节能效益评估认证机构的建立，可以在一定程度上保障节能服务公司服务水平的提高。为使节能效益评估认证机构的认定结果公平、公正，国家可以对各领域的专家建立专家库，对于节能服务项目的认定采取随机抽取的方式，有效保障评估结果的公正性。

第四，健全合同能源管理相关立法。首先，通过出台具有可操作性的规范节能服务公司运作的相关法律，对合同能源管理过程中可能出现的具体问题进行明确规定，以规范合同能源管理制度的运行和发展。其次，通过立法明确节能服务合同的性质为服务合同，建立节能服务质量的评价标准体系，规范节能服务行业的运行。[①] 最后，规范我国建筑、交通、工业等多行业合同能源管理的能源效率标准、节能效果评估等具体工作实施标准，这不仅可以促进节能方积极与节能服务公司合作，也有利于节能服务公司合同能源管理工作的规范化。

2. 节能自愿协议制度

（1）节能自愿协议的内涵

节能自愿协议，是指用能企业或者行业协会等社会组织在自主、自愿的基础上，为实现减少温室气体排放和节约能源的目的，与政府环境管理部门所签订的一种合同。合同一方主体为政府环境管理部门，另一方为企业（或行业组织），合同成立后，双方均受合同约束。

节能自愿协议制度是当前国际社会为提高能源效率所采取的一种有效的非

---

① 参见曹明德、刘明明：《节能减排的法律对策思考》，载《清华法治论衡》2010年第1期。

强制性节能管理模式，对于节约能源、减少温室气体排放和应对气候变化发挥着十分重要的作用。许多国家在长期的能源管理实践中认识到，企业仅在政府环境管理部门的督促下被动提高能源效率，对于实现节约能源和减少温室气体排放的目的是不够的，必须调动企业的积极性，使企业主动配合才能收到良好的效果。

（2）我国节能自愿协议制度评析

2003 年 4 月 22 日，山东省经贸委分别与济钢和莱钢签订了节能自愿协议，标志着我国第一个节能自愿协议的实施。此后，上海、宁波、南京等地也纷纷试行节能自愿协议，并收到了良好的效果。我国《节约能源法》第 66 条第 2 款规定，国家运用财税、价格等政策，支持节能自愿协议等节能措施，使节能自愿协议在我国立法中得到体现。然而，从我国目前的相关实践来看，节能自愿协议仍存在诸多不足，主要表现在以下三个方面：

第一，对企业的激励力度不够。实践中，节能自愿协议试点完成后，企业会享受到政府免于能源检测、国债贴息、授予荣誉称号等优惠政策。然而，对企业而言，这些优惠政策和措施难以与节能自愿协议的实施需要投入大量资金等困难相比较，大大降低了企业实施节能自愿协议的积极性。

第二，我国节能自愿协议相关立法缺位。一方面，我国现行《民法典》合同编中缺少对节能自愿协议性质的规定，造成节能自愿协议难以在《民法典》合同编中找到其应有的位置。另一方面，在我国现行节能自愿协议的相关立法中，缺少节能自愿协议的主体、内容、协议的效力、协议的变更及解除、违约责任等相关内容。

第三，公众对节能自愿协议的认知度不高。这严重影响了节能自愿协议的发展，究其原因在于：首先，我国的节能自愿协议项目是以试点的方式进行的，目前只在我国的上海、宁波、南京等少数地区试点。其次，由于节能自愿协议还会涉及一些专业性较强的内容，因而普通公众对节能自愿协议的认知程度并不高。最后，大众媒体对节能自愿协议的宣传不到位，也是节能自愿协议社会认知度不高的原因之一。

（3）我国节能自愿协议制度的完善

节能自愿协议提高了企业节约能源的积极性，开拓了提高能源效率、应对气候变化的思路和方法。为使节能自愿协议更好地发挥提高能源效率、应对气候变化的积极作用，节能自愿协议制度的完善可以从以下几个方面着手：

第一，加大对实施节能自愿协议企业的支持力度。企业实施节能自愿协议的积极性不高，与政府在签订节能自愿协议时注重企业节能目标的实现，而忽略了企业要获得经济利益的需求是有很大关系的。因此，为提高企业实施节能自愿协议的积极性，政府要对实施节能自愿协议企业给予更多的优惠政策和经济激励措施，如对实施节能自愿协议企业在一定期限内给予补贴、免税、投融资优惠等政策，在经济上加大对企业的支持。

第二，健全节能自愿协议制度相关立法。其一，通过出台具有可操作性的节能自愿协议立法，明确节能自愿协议的性质、主体、订立、内容、效力、履行、变更、解除、违约责任和争议解决等内容。其二，建立合理的节能评价标准体系，鼓励企业和政府签订节能目标高于国家标准的能源效率标准，使节能自愿协议更好地发挥提高能源效率、应对气候变化的作用。

第三，加强对节能自愿协议的宣传力度。为使节能自愿协议在我国得到积极推广，不仅要得到政府的支持，还要取得企业和公众的认同。一方面，要使企业充分认识到节能自愿协议的实施不仅能够使企业节约能源，实现节能效益，还能够增强企业竞争力。另一方面，要通过广播、电视、网络媒体等多种媒介大力宣传，使公众对节能自愿协议优越性的认识更加明晰，进而促进节能自愿协议项目在我国的进一步推广，而不仅仅是在少数地区试点。

3. 能源需求侧管理制度

（1）能源需求侧管理的内涵

能源需求侧管理（Demand Side Management）是当前国际社会推行的一种先进的能源管理方式。在能源需求侧管理过程中，一方面，通过降低用能高峰时期对能源的需求或增加用能低峰时期对能源的需求，以满足社会对能源的需求；另一方面，通过提高能源效率、能源替代及能源回收等方式，在满足社会能源需求的同时节约能源资源。简言之，能源需求侧管理的目标就是使有限的能源资源得到最高效的利用，以满足社会对能源的基本需求。

基于此，笔者认为，能源需求侧管理是指按照我国相关立法的规定，采取有效的激励和引导措施，使能源企业、能源服务公司、社会中介组织和用能方等共同参与，通过提高能源效率和改变用能方式，在满足用能方用能需求的同时减少能源消耗和能源需求，达到提高能源效率、节约能源之目的，满足社会总体能源需求的能源管理活动。

（2）我国能源需求侧管理制度评析

能源需求侧管理制度首创于美国，其克服了传统能源管理忽略对能源消费和利用环节管理的缺陷，对提高能源效率、保障能源需求的作用显著，被国际社会公认为一种有效的能源效率管理制度。在我国，能源需求侧管理制度也得到了相关立法的重视。2008年2月，国务院办公厅发布了《国务院办公厅关于加强电力需求侧管理实施有序用电的紧急通知》，这是我国有关能源需求侧管理的首部行政法规。另外，我国还发布了《电力需求侧管理办法》《电力需求侧管理城市综合试点工作中央财政奖励资金管理暂行办法》等部门规章。尽管如此，能源需求侧管理制度仍存在诸多不足，主要表现为：

第一，能源需求侧管理的相关立法不完善。一方面，从我国目前的能源需求侧管理的相关立法来看，能源需求侧管理方面的立法大部分都是关于电力的，而对其他能源领域涉及较少。这不利于如石油、天然气等能源效率的提高。另一方面，综观我国能源需求侧管理相关立法，对于能源需求侧管理的主体、范围、各方主体的权利义务等还没有明确、详尽的规定，导致实践中能源需求侧管理相关立法的可操作性不强。

第二，对能源需求侧管理的激励力度不够。对用能方而言，由于我国当前能源价格制度不完善，能源价格难以反映能源使用的负外部成本，用能方可以用较低的价格使用能源。因而在能源需求侧管理制度对用能方激励不足、能源价格低的情况下，用能方改变能源消费方式和生活方式的积极性不高。对能源供给方企业而言，实施能源需求侧管理，用能方的能源效率将会得到提高，用能方的能源消费量将会减少，最终将会影响到能源供给方的经济效益。因此，在国家对能源供给方的经济激励力度不够的情况下，能源供给方也是不愿意主动实施能源需求侧管理的。

第三，公众对能源需求侧管理的认识不够。实践中，很多公众将能源需求侧管理等同于电力需求侧管理，甚至片面地认为能源需求侧管理就是实行阶梯电价，而没有认识到能源需求侧管理对于企业、用户、社会和环境的重要意义。这就导致了公众对能源需求侧管理的认知不够、节能意识不强、参与程度不高等现象的出现。

（3）我国能源需求侧管理制度的完善

能源需求侧管理通过提高能源效率以及改变用能方的用能方式，实现提高能源效率、节约能源、满足社会对能源总体需求的目的。为使能源需求侧管理制度更好地发挥提高能源效率、应对气候变化的积极作用，能源需求侧管理制度的完善应从以下几个方面着手：

第一，完善能源需求侧管理的相关立法。一方面，我国能源需求侧相关立法不仅要关注电力领域，还要重视石油、天然气等能源领域的能源需求侧管理。由于我国的节能潜力大，对重要能源领域实施能源需求侧管理，不仅可以使我国的能源效率得到提高，还可以大量节约能源资源，从而减少由于对化石能源的过度使用而对气候产生的不利影响。另一方面，在当前立法条件还不够成熟的情况下，我国可以通过颁布《能源需求侧管理办法》的方式，对能源需求侧管理的范围、主体以及各方主体的权利和义务等具体内容进行统一的规定，增强能源需求侧管理相关立法的可操作性。

第二，加强对能源需求侧管理的激励力度。首先，我国应通过能源价格制度的完善，使能源价格反映出能源的负外部成本。其次，为鼓励用能方积极参与能源需求侧管理，应通过如对购买能源效率低的用能产品进行补贴等经济激励方式鼓励和引导用能方改变能源消费方式和生活方式。最后，对实施能源需求侧管理的能源供应企业给予财政补贴、税收优惠和资金支持，如设立专项基金用于能源供应企业改进节能技术。

第三，增强公众对能源需求侧管理的认知程度。一方面，通过多种方式的宣传使公众认识到能源需求侧管理对提高能源效率，减少温室气体排放，使有限的能源资源效用最大化的作用；另一方面，通过对我国首批实施电力需求侧管理的试点城市如北京、苏州、唐山等城市实施电力需求侧管理的有益经验进行宣传和推广，引导和激发公众参与能源需求侧管理的积极性。

（二）能源效率政府管制法律制度

虽然市场经济有其优越性，但市场也有其自身难以克服的缺陷即"市场失灵"，需要政府运用行政力量进行调节。随着市场经济的进一步发展，能源效率领域的"市场失灵"现象逐渐暴露，如经济负外部性问题、公共物品问题、信息偏在、垄断等问题。对能源效率领域进行政府管制的目的之一就是应对气候变化、维护能源资源的高效和公平利用、矫正市场失灵。因而，可通过特定政府行政机关根据法律的授权，对企业和公众等行政相对人的行为实施直接的干预和控制以实现对能源效率领域进行政府管制。能源效率政府管制法律制度主要包括能源价格制度、能源效率标识和能源效率标准制度、环境影响评价制度等。

1. 能源价格制度

（1）能源价格制度的内涵

能源价格是影响能源生产、流通、消费以及能源资源保护程度的重要因素之一，是提高能源效率的最基本手段。能源价格是能源的货币表现，是能源在市场中价值的体现，对经济发展起着重要的推动作用。能源价格制度是我国提高能源效率、有效应对气候变化的重要经济手段。

（2）我国能源价格制度评析

我国于 1997 年 12 月颁布的《价格法》规定，大多数商品和服务价格实行市场调节价，极少数商品和服务价格实行政府指导价和政府定价。[①] 根据我国 2016 年的中央定价目录，对天然气实行政府定价；2016 年国家发改委发布的《石油价格管理办法》规定对原油实行市场调节价，成品分区别不同情况，分别实行政府指导价和政府定价。[②] 另外，对我国电能交易价格实行政府定价或政府指导价。

从《价格法》以及《政府制定价格行为规则》《政府价格决策听证办法》等规定可以看出，我国的能源定价是按照《价格法》的有关规定进行的。而按照《价格法》的规定，我国的能源定价采取的是市场调节价、政府定价和政府指导价相结合的方式。按照这种定价方式，在我国对能源价格采取政府定价和政府指导价的领域，能源价格制度存在以下弊端：第一，能源价格无法真实反映能源资源的实际价值，也难以反映能源市场的供求关系；第二，能源价格不能反映能源资源的稀缺程度；第三，能源价格不能反映能源资源的环境价值和环境成本；第四，能源价格不能反映能源活动的环境成本。

可见，我国能源价格由政府决定的现实使能源活动主体，特别是煤炭、石油等传统高碳能源企业在能源活动中一定程度上忽略了能源资源本身的生态价值，进而导致能源资源的过度开发利用和能源的低效使用，造成能源效率低下；

[①] 《价格法》第 3 条规定："国家实行并逐步完善宏观经济调控下主要由市场形成价格的机制。价格的制定应当符合价值规律，大多数商品和服务价格实行市场调节价，极少数商品和服务价格实行政府指导价或者政府定价。市场调节价，是指由经营者自主制定，通过市场竞争形成的价格。本法所称经营者是指从事生产、经营商品或者提供有偿服务的法人、其他组织和个人。政府指导价，是指依照本法规定，由政府价格主管部门或者其他有关部门，按照定价权限和范围规定基准价及其浮动幅度，指导经营者制定的价格。政府定价，是指依照本法规定，由政府价格主管部门或者其他有关部门，按照定价权限和范围制定的价格。"第 18 条规定："下列商品和服务价格，政府在必要时可以实行政府指导价或者政府定价：（一）与国民经济发展和人民生活关系重大的极少数商品价格；（二）资源稀缺的少数商品价格；（三）自然垄断经营的商品价格；（四）重要的公用事业价格；（五）重要的公益性服务价格。"

[②] 《石油价格管理办法》第 4 条规定："原油价格实行市场调节价。成品油区别情况，分别实行政府指导价和政府定价。（一）汽、柴油零售价格和批发价格，向社会批发企业和铁路、交通等专项用户供应汽、柴油供应价格，实行政府指导价。（二）向国家储备和新疆生产建设兵团供应汽、柴油供应价格，实行政府定价。"

同时，传统化石能源的开采、运输和使用等一系列行为也会对环境产生负外部性。这是我国能源资源遭到严重浪费和生态环境遭到极大破坏的重要原因之一。因此，完善我国能源价格制度是提高能源效率，有效保护和改善我国生态环境及应对气候变化的重要方式。

（3）我国能源价格制度的完善

党的十八届五中全会指出，减少政府对价格形成的干预，全面放开竞争性领域商品和服务价格。[1] 2015 年 10 月，《中共中央国务院关于推进价格机制改革的若干意见》提出："推进水、石油、天然气、电力、交通运输等领域价格改革，放开竞争性环节价格，充分发挥市场决定价格作用。加快推进能源价格市场化。建立有利于节能减排的价格体系，逐步使能源价格充分反映环境治理成本。"[2] 2018 年 6 月《发展改革委关于创新和完善促进绿色发展价格机制的意见》提出："加快建立健全能够充分反映市场供求和资源稀缺程度、体现生态价值和环境损害成本的资源环境价格机制，完善有利于绿色发展的价格政策，将生态环境成本纳入经济运行成本……"[3] 据此，为提高能源效率、有效应对气候变化，能源价格制度的完善应按照有利于反映能源资源的稀缺程度、能源市场供求关系、能源资源的环境价值和环境成本以及能源活动环境成本的原则进行，应建立以市场调节为主，市场调节和政府调节相结合的能源价格制度。具体措施主要包括以下几个方面：

第一，加快完善我国矿产资源有偿使用制度。我国矿产资源取得价格相对低廉，难以反映能源资源的真实价值，导致能源企业在能源开发利用过程中几

---

① 根据 2015 年 10 月 15 日中国政府发布《关于推进价格机制改革的若干意见》，竞争性领域和环节包括水、石油、天然气、电力、交通运输等领域，国家将推进这些领域的价格改革，主要目标是到 2017 年竞争性领域和环节价格基本放开。意见还明确，到 2017 年，竞争性领域和环节价格基本放开，政府定价范围主要限定在重要公用事业、公益性服务、网络型自然垄断环节。到 2020 年，市场决定价格机制基本完善，科学、规范、透明的价格监管制度和反垄断执法体系基本建立，价格调控机制基本健全。

② 参见：《中共中央国务院关于推进价格机制改革的若干意见》，https://www.pkulaw.com/chl/3f0107919d92e26ebdfb.html? keyword，最后访问时间：2022 年 6 月 16 日。

③ 参见国家发展和改革委员会：《发展改革委关于创新和完善促进绿色发展价格机制的意见》，https://www.pkulaw.com/chl/8932fd42b5f66e10bdfb.html? keyword，最后访问时间：2022 年 8 月 1 日。

乎不会考虑能源资源的环境价值和生态价值，对能源资源进行过度的开发利用。实际上，较高的能源价格不仅可以使企业少用能源，还能提高能源效率，以减少对能源的使用。因此，我国可以考虑适当提高某些矿产资源的取得价格，从一定程度上减少能源企业对能源的过度开发利用，以提高能源效率、有效应对气候变化。

第二，能源价格应当反映市场供求关系，要逐步建立由市场决定能源价格的机制。我国现有的能源产品价格并没有真正反映市场供求关系，市场机制也未真正发挥作用。因此，需要改变现有政府对能源价格的过度干预以及部分能源企业对能源的垄断，逐步建立起能够反映市场供求关系和能源稀缺程度的价格机制。由于我国当前有效的能源市场还未形成，因此，对于具备市场竞争条件的能源价格，可以实行市场调节价；对于处于垄断环节的能源及重要能源价格，可以实行政府定价或者政府指导价。

第三，能源价格应当能够反映能源活动成本。能源活动会产生外部性，造成环境污染和生态破坏，在能源价格的形成过程中应当将能源活动的外部成本内部化，从而在市场机制的作用下合理配置能源资源。只有这样，才能有效促进能源效率的提高，减少温室气体排放，进而有效应对气候变化。

第四，加强对能源价格的监管。由于能源是人类社会生存和发展的重要物质基础，因此，能源是国家的重要资源，关系到国民经济发展的命脉。推行能源价格市场化，能够促进合理的能源价格制度的建立。但是，市场也有其自身缺陷与不足。因此，需要对能源价格进行必要的监管。一方面，通过健全能源价格监管体系，在充分发挥市场对资源配置基础性作用的同时，将政府对能源价格的干预限定在保护生态环境和保障能源的可得性上；另一方面，鼓励公众积极参与对能源价格的监督，有效预防能源价格违法行为。

第五，逐步取消对能源产品的政府价格补贴。因为受到补贴的能源产品价格相对便宜，消费者当然不会去选择能源效率项目产生的能源产品，投资者也会对能源效率项目失去兴趣。可见，对能源价格的补贴，在一定程度上鼓励了能源的低效利用。因此，应当建立能源产品的价格补贴动态调整机制，根据能源成本的下降情况及时调整能源价格水平，促使对能源产品的补贴额度不断下降，并鼓励投资者通过能源技术创新促进能源成本下降。

2. 能源效率标识和能源效率标准制度

（1）能源效率标识和能源效率标准制度的内涵

能源效率标识是粘贴在用能产品上的一种信息标识，用于表示产品的能源性能，特别是产品达到节能标准的高低。能源效率标识能够为消费者的购买决策提供必要的信息，消费者在购买贴有此种标识的产品时能得到直观的能源消耗信息并估算产品的使用费用，以判断同类型产品中哪些产品的能源效率更高、使用成本更低，从而引导和帮助消费者选择能源效率高、使用成本低的产品。另外，能源效率标识也能够使制造商为获取更大的市场份额而采用降低能耗的新技术。能源效率标准，指在保证产品的质量、安全、性能和价格的前提下，对使用能源的不同产品的能源性能所做的明确要求，以最大限度地提高用能产品的能源使用效率。能源效率标准与标识是世界各国采用的重要节能手段之一，通过能源效率标准与标识制度的实施，能够提高用能产品的能源效率、促进节能技术的进步，进而减少温室气体排放、有效应对气候变化。

（2）我国能源效率标识和能源效率标准制度评析

能源效率标识和能源效率标准制度的建立对于能源效率的提高起着积极的推动作用，在我国的相关立法中得到了重视。2004 年 8 月，我国《能源效率标识管理办法》规定对节能潜力大、使用范围广的用能产品实行能源效率标识制度。①这是我国首次明确提出建立能源效率标识制度。2007 年 10 月，我国《节约能源法》在第二章"节能管理"中规定国家对使用面广、耗能量大的家用电

---

① 《能源效率标识管理办法》第 3 条规定："国家对节能潜力大、使用面广的用能产品实行统一的能源效率标识制度。国家制定并公布《中华人民共和国实行能源效率标识的产品目录》（以下简称《目录》），确定统一适用的产品能效标准、实施规则、能源效率标识样式和规格。"

器实行能源效率标识管理。[①] 该法确立了能源效率标识管理制度，也表明能源效率标识制度得到了我国立法的确认。2016 年 2 月 29 日，我国发布了新修订的《能源效率标识管理办法》，对能源效率标识制度的实施和监督管理进行了规定。虽然我国在 2016 年、2018 年对《节约能源法》进行了修正，但我国能源效率标识和能源效率标准制度还存在许多不足之处，主要表现为：

第一，能源效率标识和能源效率标准覆盖用能产品范围较小。到目前为止，我国有关部门共发布了 12 批能源效率标识目录，主要涉及空调、冰箱、洗衣机、电风扇、平板电视、燃气、空气净化器等家用电器。但是，能源效率标识制度的实行范围仅限于家用电器，还未涉及工业设备、商业设备及办公用品。

第二，能源效率标准制定周期较长，缺乏动态管理。原中国质量监督局在 1989 年 12 月 25 日颁布了包括 8 种电器（电冰箱、房间空调器、洗衣机、电视机、自动电饭煲、收音机、电风扇和电熨斗）的第一批能效标准，[②] 此后也陆续制定了一些用能产品的能源效率标准。但是，从 2014 年 3 月统计的用能产品国家能效标准目录来看，大部分用能产品的能效标准在确定后，从未修订过。这对于这部分用能产品提高能源效率的推动作用是极其有限的。

第三，公众在能源效率标识和标准的制定过程中参与度不够。大多数没有能源效率标准的行业的企业是不愿意参与能源效率标准的制定的，因为这会使企业被动要求用能产品达到能源效率标准要求。对于公众而言，由于能源效率标识和标准的制定涉及一些专业知识，公众由于缺少这方面的知识而不愿意关注能源效率标识和标准的制定。

（3）我国能源效率标识和能源效率标准制度的完善

第一，扩大能源效率标识和能源效率标准所覆盖的用能产品范围。为提高

---

① 《节约能源法》第 18 条规定："国家对家用电器等使用面广、耗能量大的用能产品，实行能源效率标识管理。实行能源效率标识管理的产品目录和实施办法，由国务院管理节能工作的部门会同国务院产品质量监督部门制定并公布。"

② 参见卢苇：《能源效率标准和标识》，载《能源研究与信息》2005 年第 1 期。

能源效率，更有效地减少温室气体的排放，能源效率标识和能源效率标准的覆盖范围应不仅限于家用电器，还应扩大到工业企业所用的生产设备、商业设备以及政府有关部门的办公用品中去。

第二，对能源效率标准实行动态管理。对能源效率标准进行动态管理，不仅可以促进能源效率的提高，也会使企业重视技术进步，不断提高用能产品能源效率，以在市场中保持竞争力。因此，我国要充分考虑行业现状和技术发展优势，适时调整能源效率标准，对能源效率标准进行动态管理。

第三，鼓励公众参与能源效率标识和标准的制定。一方面，使企业充分认识到能源效率标识和标准的制定对企业提高能源效率、节约能源的重要作用，以及企业达到能源效率标识和标准要求也将意味着企业竞争力的加强。另一方面，要加深公众对能源效率标识和标准制度的了解，使公众认识到能源效率标准、标识的有效实施也会直接或间接地使公众的生活成本降低，从而激发公众参与能源效率标识和标准的制定的积极性。

3. 环境影响评价制度

(1) 环境影响评价制度的内涵

环境影响评价，亦称环境质量预断评价，有狭义和广义两种。[①] 2018 年《环境影响评价法》规定："环境影响评价，是指对规划和建设项目实施后可能造成的环境影响进行分析、预测和评估，提出预防或者减轻不良环境影响的对策和措施，进行跟踪监测的方法与制度。"[②] 其中，规划包括政府及其有关部门对土地利用的有关规划，区域、流域、海域的建设、开发利用规划；建设项目包括对环境可能造成重大影响、轻度影响和影响很小的建设项目。[③] 可见，《环

[①] 狭义的环境影响评价，是指在一定区域内进行开发建设活动，事先对拟建项目可能对周围环境造成的环境影响进行调查、预测和评定，并提出预防对策和措施，为项目决策提供科学依据。广义的环境影响评价，也叫宏观活动的环境影响评价，又称战略性环境影响评价。是指进行某项重大活动（如经济发展政策、规划、重大经济开发计划）之前，事先对该项活动可能给环境带来的影响进行评价。转引自韩德培、陈汉光主编：《环境保护法教程》，法律出版社 2004 年版，第 78 页。

[②] 《环境影响评价法》第 2 条。

[③] 参见《环境影响评价法》第 7 条和第 16 条。

境影响评价法》中规定的环境影响评价包括广义的环境影响评价和狭义的环境
影响评价。

环境影响评价是贯彻环境法"预防为主原则"的一项重要法律制度。该制
度最早见于美国 1969 年公布的《国家环境政策法》。[1] 我国学者认为，环境影
响评价制度是有关环境影响评价的范围、内容、程序、法律后果等事项的法律
规则系统。[2]

（2）我国环境影响评价制度评析

环境影响评价制度的目的是要求人类在各种经济和社会活动中充分考虑其
行为可能对环境造成的不利影响，从而避免人类社会的经济发展和社会进步建
立在对环境破坏的基础上。因此，作为防止人类活动对环境造成不利影响的重
要预防性制度，环境影响评价制度的建立与完善程度不仅对环境保护至关重要，
对气候变化应对也同样重要。尽管我国在 2018 年 12 月对《环境影响评价法》
进行了第三次修订，但以《环境影响评价法》为核心的环境影响评价制度仍难
以完全适应气候变化应对的需要，主要表现在以下几个方面：

第一，《环境影响评价法》未将能源效率纳入环境影响评价的范畴。按照
《环境影响评价法》的规定，环境影响评价是对规划和建设项目实施后可能造
成的环境影响进行分析、预测和评估，[3] 但并未明确"可能造成的环境影响"
的范围。实践中，可能造成的环境影响包括水污染、大气污染、土地荒漠化、
生物多样性锐减、气候变化等多种形式。该法未将对能源活动中的规划与建设
项目的能源效率状况可能对气候系统所造成的影响纳入"可能造成的环境影
响"的范围，未将对能源效率对气候系统所造成影响的评价纳入能源活动环境
影响评价过程。这对能源活动中的拟议方案、替代方案及减轻环境影响的措施
进行评估，预防因能源效率低下而对气候系统和环境造成不必要的损害，以及

---

[1] 参见金瑞林主编：《环境法学》，北京大学出版社 2016 年版，第 88 页。
[2] 参见周珂等主编：《环境法（第六版）》，中国人民大学出版社 2021 年版，第 46 页。
[3] 参见《环境影响评价法》第 2 条。

对气候变化应对和环境保护没有起到应有预防性的作用。这会导致能源活动中的规划与建设项目根本不考虑其能源效率状况对温室气体排放、气候系统所造成的不利影响。可见，我国能源效率相关立法未将能源效率纳入环评范畴，使预防措施设置存在明显漏洞，这不利于能源效率的提高和气候变化的有效应对。

第二，对煤炭开发等能源建设项目违反环境影响评价法的行为没有足够的威慑力。《环境影响评价法》第31条规定，建设项目未通过环评手续，而擅自开工建设的，可以给予经济与行政处分。实践中，煤炭开发、矿产资源开发、核电开发等建设项目如果没有通过环境影响评价而擅自开工建设，有可能会对周围生态环境造成不可逆转的损失。然而，《环境影响评价法》规定，根据违法情节和危害后果，处建设项目总投资额百分之一以上百分之五以下的罚款，这对于资金雄厚的诸如矿产资源开发、核电开发等建设项目投资方而言是九牛一毛，威慑力不够。显然，这种规定不仅使境影响评价制度应有的预防性功能大打折扣，也是实践中很多建设项目包括能源活动中存在大量不进行环境影响评价而擅自开工建设等违反《环境影响评价法》行为的重要原因所在。

第三，环境影响评价中的公众参与制度不健全。我国2018年7月出台了《环境影响评价公众参与办法》，对环境影响评价中的公众参与作了较为细致的规定。然而，我国环境影响评价中的公众参与制度仍存在诸如公众参与的真实性、有效性、程序以及救济措施不完善等问题。如《环境影响评价公众参与办法》第6条第2款规定，专项规划编制机关和建设单位可以委托环境影响报告书编制单位或者其他单位承担环境影响评价公众参与的具体工作。[①] 这意味着专项规划编制机关和建设单位可以承担环境影响评价公众参与的具体工作，而无须第三方主体环境影响报告书编制单位或者其他单位承担环境影响评价公众参与的具体工作，这不利于公众参与的真实性、有效性作用的发挥。这些对于能源活动中的规划和建设项目的环境影响评价都是不利的，公众的意见将很难

---

① 参见《环境影响评价公众参与办法》第6条。

得到充分考虑，而使公众参与流于形式。另外，公众参与程序以及救济措施不完善会使公众参与难以得到有效保障，不利于公众对能源活动中规划和建设项目的合理化建议的表达以及监督作用的发挥。

（3）我国环境影响评价制度的完善

环境影响评价制度的健全与完善是实现环境保护从事后处置向事前预防进行转变的重要保障。对于气候变化背景下的能源效率法律规制而言，具有预防性功能的环境影响评价制度的健全，将更有利于使能源效率法律规制从事后处置向事前预防进行转变，而更有利于提高能源效率、有效应对气候变化。为此，我国的环境影响评价制度应从以下几个方面加以完善：

第一，将能源效率纳入环境影响评价的范畴。对能源活动中的拟议方案、替代方案及减轻环境影响的措施进行评估，预防因能源效率低下而对气候系统和环境造成不必要的损害，对气候变化应对和环境保护起到应有预防性的作用。虽然《环境影响评价法》规定对于包括能源活动中的规划与建设项目实施后可能造成的环境影响进行评价，但这里的"可能造成的环境影响"对于气候系统而言基本是不被关注的。当前，环境影响评价制度应适应气候变化应对的需要，作出适应性调整。因此，《环境影响评价法》应将能源效率纳入环境影响评价的范畴，将能源活动中的规划和建设项目能源效率高低状况，以及其对气候系统可能造成的影响纳入"可能造成的环境影响"的范围，将对能源效率的评价贯穿于环境影响评价过程的始终。这样可以在能源的开发阶段就注意能源效率问题，将会使环境影响评价制度在气候变化应对中的预防性功能得到更好的发挥。

第二，加大对建设项目违反《环境影响评价法》行为的处罚力度。能源活动具有负外部性，可能会对生态环境造成灾难性的影响。在我国由于对传统化石能源的使用而对气候系统和环境造成严重影响的形势下，更有必要对传统化石能源的开发利用规划和建设项目进行环境影响评价；此外，由于我国对新能源的开发利用尚处在探索阶段，其对环境所造成的影响还不确定，对于新能的开发利用也应进行环境影响评价。因此，《环境影响评价法》应当明确规定对于能源活动中的规划和建设项目必须进行环境影响评价，对于未通过环评手续而擅自开工建设的应当给予重罚，而不仅仅是根据违法情节和危害后果，处建设项目总投资额百分之一以上百分之五以下的罚款或对相关人员给予行政处分。这样才能使能源活动主体自觉对能源活动中的规划和建设项目进行环境影响评价，才能更好地提高能源效率，落实国家自主贡献目标，以有效应对气候变化。

第三，健全环境影响评价中的公众参与制度。公众成功参与环境影响评价是环境影响评价能够取得实效的关键环节，因为可能受到所建项目最直接影响者更能够提供该项目可能产生不良影响的性质和程度方面的信息，与对所提出的减缓措施或替代方案能否获得接受的有益信息。[①] 可见，可能受到所建项目最直接影响者对环境影响的评价最具影响力。因此，为保障公众有效参与环境影响评价，公众参与的主体要有代表性和广泛性，既要有与项目建设有直接利益冲突的公众，也要有与项目建设无直接关系的公众；既要有受项目实施影响的人，也要有规划编制和项目建设单位的人；既要有专家学者，也要有普通群众。同时，应由第三方主体环境影响报告书编制单位或者其他单位承担环境影响评价公众参与的具体工作。这可以更好地保障公众参与的有效性和真实性。再次，应进一步重视对公众意见的处理、强化公众参与环境影响评价的司法保障机制。最后，在整个环境影响评价过程中，要将项目环境影响评价相关信息向公众及时、详细、全面地公开，以使公众全面了解所建项目的相关信息，从而保障环境影响评价中公众的有效参与，使环境影响评价制度在气候变化应对方面的预防性功能得到有效实现。

(三) 能源效率社会调整法律制度

社会调整方式可以有效弥补市场与政府失灵，它可以在政府、企业与各社

[①] 参见汪劲著：《中外环境影响评价制度比较研究：环境与开发决策的正当法律程序》，北京大学出版社 2006 年版，第 110 页。

会主体之间起到沟通与协调作用，并在很大程度上影响政府与企业所追求目标的实现。因此，在能源效率法律规制中，社会调整制度的完善必不可少。根据调整主体的不同，社会调整可以包括能源行业协会自治制度和公众参与制度等，但现实中以公众参与制度为主。

1. 公众参与制度

（1）公众参与制度的内涵

2014 年，环境保护部《关于推进环境保护公众参与的指导意见》将公众参与定义为公民、法人和其他组织自觉自愿参与环境立法、执法、司法、守法等事务以及与环境相关的开发、利用、保护和改善等活动。[①]

环境保护目标的实现不仅与公众环境保护意识的加强有关，而且与公众对环境保护活动的积极有效参与息息相关。1992 年《里约环境与发展宣言》原则 10 规定："环境问题最好是在全体有关市民的参与下，在有关级别上加以处理。在国家一级，每一个人都应能适当地获得公共当局所持有的关于环境的资料……各国应通过广泛提供相关信息来便利及鼓励公众的认识与参与。"[②]《中国 21 世纪议程》强调，要实现可持续发展目标，必须依靠公众及社会团体的支持和参与，需要新的参与机制和方式，团体及公众既需要参与有关环境与发展的决策过程，特别是那些可能影响到他们生活和工作的社区决策，又需要参与对决策执行的监督。[③] 因此，为了有效改善环境、实现人类社会的可持续发展，需要公众积极参与各项环境保护活动。

（2）我国公众参与制度评析

环境保护问题的解决有赖于公众的积极参与，公众参与制度的健全程度关系到我国生态文明建设的成败，影响着我国经济社会的可持续发展。近年来，我国相关立法体现出对公众参与制度的重视。2006 年出台的《环境影响评价公

---

① 参见原环境保护部：《环境保护部办公厅关于推进环境保护公众参与的指导意见》，https://www.pkulaw.com/chl/726ae590f23c223cbdfb.html? keyword，最后访问时间：2022 年 6 月 20 日。

② 王曦主编：《国际环境法资料选编》，民主与建设出版社 1999 年版，第 679 页。

③ 参见周珂等主编：《环境法（第六版）》，中国人民大学出版社 2021 年版，第 38 页。

众参与暂行办法》对公众参与进行了规定。2014年修订的《环境保护法》第5条明确规定了环境保护的公众参与原则，并将该法第五章设置为"信息公开和公众参与"，规定了公众获取环境信息、参与和监督环境保护的权利、举报违法行为的权利以及提起环境公益诉讼的权利。① 2015年7月原环境保护部公布的《环境保护公众参与办法》对公众参与的原则、方式、权利、义务和责任等内容进行了规定。② 2018年7月生态环境部公布的《环境影响评价公众参与办法》第3条规定国家鼓励公众参与环境影响评价。③ 这些规范性法律文件的出台，对公众参与制度的完善起着重要的推动作用。但是，就能源效率法律规制而言，公众参与制度还存在诸多不足，主要表现为：

第一，环境保护公众参与相关立法在实践中作用有限。首先，我国在环境保护基本法《环境保护法》第五章中规定了公众享有环境信息获取权、参与和监督环境保护的权利，为公众参与环境保护提供了法律依据。但这些规定过于原则，在实践中缺乏可操作性。其次，虽然环境保护部出台的《环境保护公众参与办法》对公众参与的原则、方式作出了规定，但由于其只是部门规章，在实践中作用有限。最后，地方性公众参与的相关立法虽然有其进步之处，但从地方环境群体事件中暴露出了相关立法的实际作用难以发挥的问题。

第二，公众参与能源效率法律规制过程中的信息公开制度不健全。首先，相关立法未涉及能源效率信息的公开，难以为公众参与能源效率的提高和气候变化应对创造有利条件。从《环境保护法》《环境保护公众参与办法》《环境影响评价公众参与办法》的内容上看，虽然规定了建设单位应通过其网站、建设项目所在地公共媒体网站或者建设项目所在地相关政府网站以及生态环境主管部门公开的信息内容，但并未涉及能源效率相关信息。其次，企业的信息公开

---

① 参见《环境保护法》第5条、第53条、第57和58条。

② 参见原环境保护部：《环境保护公众参与办法》，https：//www.pkulaw.com/chl/3099ac3ce4583c59bdfb.html？keyword，最后访问时间：2022年6月20日。

③ 参见生态环境部：《环境影响评价公众参与办法》，https：//www.pkulaw.com/chl/50bd14e19664d408bdfb.html？keyword，最后访问时间：2022年6月21日。

内容并没有涉及与提高能源效率关系密切的相关措施的执行情况。就与企业信息公开的相关规范性文件而言，没有涉及企业能源效率信息的公开，不利于公众了解企业的能源效率状况，从而导致企业难以有针对性地根据能源效率状况采取有效措施。最后，未对公众参与能源效率相关的信息的查询和获取方式等作出具体的规定，难以保障公众及时获取所需信息。

第三，公众参与能源效率法律规制中"公众"的范围还有待明确。目前，我国对环境保护公众参与规定最全面的是《环境保护公众参与办法》和《环境影响评价公众参与办法》。虽然《环境保护公众参与办法》规定了环境保护主管部门通过征求意见、问卷调查、组织召开座谈会、专家论证会、听证会等方式征求公民、法人和其他组织对环境保护相关事项或活动的意见和建议，但对参加座谈会、论证会和听证会的"公众"如何确定等问题尚不明确。《环境影响评价公众参与办法》规定了建设单位应依法听取环境影响评价范围内的公民、法人和其他组织的意见，鼓励建设单位听取环境影响评价范围之外的公民、法人和其他组织的意见，但对环境影响评价范围内外的"公众"如何确定等问题尚不明确。

（3）我国公众参与制度的完善

在我国目前仍然以行政为主导的环境保护领域，完善公众参与制度显然是有效缓解、解决我国生态环境问题和气候变化问题的重要推动力和手段。就气候变化背景下的能源效率法律规制而言，公众参与制度应从以下几个方面加以完善：

第一，强化公众参与相关立法在环境保护中的重要作用。首先，在《环境保护法》第五章"信息公开和公众参与"的基础上，通过进一步明确"公众"的范围，细化公众参与的原则、方式和程序，使公众参与制度更具有可操作性。其次，为有效应对气候变化、保障能源效率的提高，在《节约能源法》总则第9条中不仅要明确任何个人和单位都应当依法履行节能义务，而且要明确公众有义务使用能源效率高的产品，并积极参与促进能源效率的提高，以应对气候变化。最后，我国在《矿产资源法》《煤炭法》和《石油天然气法》等能源立法中都有公众参与的相关规定，但这些规定较为零散、机械，不利于公众参与制度在能源领域作用的发挥，因此，应在未来的能源基本法中强化公众参与的作用和内容。

第二，健全公众参与能源效率法律规制过程中的信息公开制度。信息公开制度的健全是保障公众有效参与能源领域活动、促进能源效率提高的前提。因此，为保障公众参与的实效，信息公开制度应从三个方面加以完善。首先，政府应主动公开信息。政府不仅要完善能源领域相关法律法规的制定以及与能源效率项目相关的规划和建设项目的审批情况的报告等制度，还要积极推行政府环境质量公告制度，定期发布环境质量评估报告，及时发布能源效率信息，为公众参与能源效率的提高和气候变化应对创造有利条件。其次，企业应履行信息公开义务。企业的信息公开义务主要是针对与提高能源效率关系密切的相关措施的执行情况，其目的是使政府和公众对企业能源效率状况有所了解，并能够有针对性地根据能源效率状况采取有效的措施。这对于能源的开发与利用活动中的环境保护至关重要，因为能源开发与利用活动中相关信息的公开，不仅可以使政府有效评估能源活动领域生态系统的可承受程度以及能源效率状况，还可以为公众参与创造条件。最后，明确信息公开的方式。为保障公众及时获取所需信息，应对公众参与能源效率相关信息的查询和获取方式等作出具体规定，使公众能够获取有效信息并积极参与能源效率的提高，以有效应对气候变化。

第三，明确公众参与能源效率法律规制中"公众"的范围。明确参与公众的范围是决定公众参与实效的关键。实践中，环境保护的公众参与基本上都是在环境保护主管部门的组织下参与的，但由于参与公众的范围不明确，使环境保护主管部门组织的公众参与并不能与经济开发决策的各个环节较好地衔接，从而影响了环境保护公众参与的实际效果。笔者认为，参与公众的范围可按照"利益相关者"原则确定，即对于某项环境管理事务和活动，若其会直接影响到公众的人身、财产权益以及居住环境的舒适性，受此影响的公众都有权参与其中。这种"受到直接影响"或"存在利害关系"的公众参与政府环境管理，既有利于其充分表达利益诉求、影响政府环境行政决策，又有利于激发公众参与的积极性以保障公众参与的效果。另外，就重大环境管理事务和活动而言，由于其所涉及的公众的范围较为广泛，由于时间、精力、资源等条件的限制，不可能所有的公众都参与其中，因此，在此种情形下，政府应建立公众利益代表制度，具体包括规定代表的总人数、代表名额的分配、代表的条件及其产生办法等。就公众参与能源效率的法律规制而言，在提高能源效率活动中的决策参与、过程参与和末端参与的广度和深度是扩大公众参与的关键途径和方式。其中，重要的途径和方式包括：在国家有关的环境保护、能源发展规划及有关能源效率立法中应有一定有代表性的公众参加，使其能够有效表达公众意愿，并在相关活动中对公众意见和建议进行及时反馈；与气候变化特别是与能源效率相关的规划和建设项目，应在整个环境影响评价过程中尽早前置公众参与的时段，采取各种能够使公众充分表达对规划和建设项目意见和建议的有效方式，及时充分了解社会公众对于能源效率决策的要求和建议，并充分考虑公众的意见，对公众意见进行及时反馈等。

2. 能源行业自治制度

（1）能源行业自治制度的内涵

行业协会是由企业自愿组建而成的，进行自主管理、自助服务的非营利性的社团。[①] 行业协会自治是指行业协会独立地制定章程、规则和规章或通过这些章程、规则、规章来规范全部进入协会的会员，以维护本行业全体会员的共同利益。[②] 基于此，能源行业自治应至少包括以下三层含义：其一，能源行业自治是通过能源行业协会进行自我管理、自我服务和自我约束的行业管理；其

---

① 参见冯玥、黄咏明：《行业协会自治的限制：以双重责任平衡为视角》，载《学习与实践》2014年第2期。

② 参见汪莉：《论行业自治的合法性》，载《理论学刊》2012年第11期。

二，能源行业协会应当基于民主程序产生和运作，并以维护行业利益为目的；其三，能源行业自治并不意味着其不需要遵守国家相关立法，相反，其也应遵守我国行业协会相关立法。因此，笔者认为，能源行业自治制度可以被界定为：能源行业通过民主选举产生能源行业协会，独立地制定协会章程，规范行业内全部会员的行为，以维护本行业全体会员共同利益，并接受国家立法监督的制度。

（2）我国能源行业自治制度评析

目前，能源行业协会的建立对于增强行业竞争力发挥着重要作用。我国能源行业协会按照行业协会章程规定，遵循"自主管理、自助服务、自我协调、自我监督"的方针，积极履行其能源行业的代表、自律、服务、监督和协调等功能，发挥规范能源行业行为，维护企业合法权益，协助政府部门加强对能源企业进行管理的作用。但是，我国能源行业协会制度还存在以下突出问题：

第一，我国现行有关能源行业协会立法效力较低。目前，我国有关行业协会的立法包括行政法规和部门规章等。其中，法律效力最高的规范性文件仅包括国务院办公厅 2015 年发布的《国务院办公厅关于成立行业协会商会与行政机关脱钩联合工作组的通知》、2019 年发布的《国务院办公厅关于在制定行政法规规章行政规范性文件过程中充分听取企业和行业协会商会意见的通知》、2020年发布的《国务院办公厅关于进一步规范行业协会商会收费的通知》等五部行政法规。这种较低层级的立法严重影响了能源行业协会积极功能的发挥，并制约了行业协会的发展。

第二，能源行业协会的独立性不强。目前，我国能源行业协会基本上可分为在政府主导下建立的政府主导型，以及企业为共同利益联合起来建立的市场自发型两类。实践中，我国大部分行业协会都是在政府主导下建立的，且这种类型的行业协会的主管部门都是政府及其相关部门，实际上是政府行政权力的分权者。这可能导致政府对行业协会的行为过度干预的现象发生，而造成行业协会的独立性受到影响。

第三，能源行业协会的自律性不够。能源行业协会是非营利性的社会团体，其成立的目的是维护全行业的共同利益。但在实践中出现了行业协会，特别是企业为共同利益联合起来建立的市场自发型行业协会为了维护企业共同利益而损害社会公共利益的现象。这种行为对能源企业是非常有利的，但与维护整个社会公共利益是相悖的。

（3）我国能源行业自治制度的完善

为使我国能源行业协会更好地发挥自律、服务、协调和监督功能，能源行业协会制度应从以下几个方面加以完善：

第一，强化能源行业协会相关立法。随着行业协会在我国的蓬勃发展以及能源行业协会在协调政府、市场与企业之间关系积极作用的发挥，我国应加快《行业协会法》的制定进程，并在该法中明确行业协会的法律地位、适用范围、职能、自律管理及国家和社会监督等方面的内容。

第二，加强能源行业协会独立作用的发挥。基于我国行业协会产生的特点，对于在政府主导下建立的政府主导型行业协会，应按照《国务院办公厅关于成立行业协会商会与行政机关脱钩联合工作组的通知》的要求，尽快实现能源行业协会与政府脱钩，使能源行业协会在各种活动中保持独立性，发挥应有的作用。

第三，加强能源行业协会自律，强化社会监督。一方面，应强化能源行业协会的社会责任。能源行业协会应认识到，在维护全行业的共同利益的同时，也应考虑全社会的共同利益，不能仅为维护行业利益而损害社会公共利益。另一方面，要强化政府和公众对于行业协会的社会监督。政府可以对能源行业协会定期发布行业协会信用、承担社会责任、专业化服务水平等方面的能源行业协会综合评估报告，并要求公众广泛参与进行评价，以对能源行业协会进行有效的监督。

结　论

　　2015 年 11 月 30 日至 12 月 11 日，在法国首都巴黎召开的巴黎气候大会上，各国充分认识到气候变化对人类社会和地球构成紧迫的、可能无法逆转的威胁，气候变化已成为人类有史以来所面临的最复杂、最严峻的挑战之一。

　　历史经验和理论分析都已充分证明，化石能源的利用是人为温室气体排放的主要来源，过量温室气体排放是引发气候变化的主要原因。因此，解决气候变化问题的最根本措施是减少人为温室气体排放，而提高能源效率是应对气候变化最有效和最具成本效益的途径之一。然而，我国当前煤炭等化石能源占一次能源的比重偏高、化石能源效率整体偏低，高碳能源的使用与能源效率问题叠加，导致环境问题突出。我国在相当长的一段时间内对化石能源仍存较高依赖、不得不继续使用化石能源的情况下，提高能源效率、减少温室气体排放，是最为务实、最为迫切的温室气体减量排放途径。因此，为有效应对气候变化，我国迫切需要对能源效率进行法律规制，以保障能源效率的提高。

　　根据可持续发展伦理观以及正义价值理论、能源部性理论等法哲学和经济学理论，回应我国当前迫切需要解决的落实国家自主减排贡献目标、控制浪费、确保能源资源的有效利用等重大现实问题，气候变化背景下的能源效率法律规制是正当的、合理的。基于能源效率状况，我国能源效率相关政策呈现出随着对气候变化问题认识的逐步深入，控制重点越来越明确；迫于气候变化的国内国际压力，提高能源效率的目标设定越来越明晰；原有管理手段的局限性日益显现，提高能源效率的治理手段不断创新。相应地，能源效率相关立法则表现出体系较为完整、覆盖领域较为全面、法律法规协同性较好的特点。但是，目前能源效率法律规制还存在诸多不足，如能源效率相关立法不够完善；未充分认识能源效率的新能源属性；未体现能源效率的立法目标；立法以政府管制为主导，对市场化制度的确认和应用不足；未将能源效率纳入环评范畴，预防措施设置存在明显漏洞；相关立法对公众参与重视不够，社会机制的调整作用发挥不足等。

为更有效地应对气候变化，实现气候变化背景下的能源效率法律规制由"政府管制型向市场主导型转变，他律型向自律型转变，事后处置型向事先预防型转变"，我国应借鉴国外能源效率法律规制的有益经验，并结合我国实际，对气候变化背景下的能源效率法律规制方案作出理性选择。

首先，气候变化背景下的能源效率法律规制应遵循以下原则：环境、经济和能源协调原则，政府管制与市场化有机结合原则，公众参与原则和能源清洁高效利用原则。

其次，气候变化背景下的能源效率法律规制应遵循以下思路：强化能源效率在应对气候变化中的重要作用；推动能源效率政策向立法转变，健全能源效率法律体系；理性选择能源效率法律规制的方案；构建"三位一体"的能源效率法律规制综合调整模式。

最后，我国"三位一体"能源效率法律规制模式的具体设计应包括能源效率市场激励法律制度、能源效率政府管制法律制度和能源效率社会调整法律制度。其中，能源效率市场激励制度包括合同能源管理制度、节能自愿协议制度、能源需求侧管理制度；能源效率政府管制法律制度包括能源价格制度、能源效率标识和能源效率标准制度、环境影响评价制度；能源效率社会调整法律制度包括公众参与制度和能源行业自治制度。

参考文献

（一）中文著作类

[1] 黄进等著：《中国能源安全若干法律与政策问题研究》［M］，经济科学出版社 2013 年版。

[2] 杨泽伟著：《发达国家新能源法律与政策研究》［M］，武汉大学出版社 2011 年版。

[3] 杜群，王利著：《能源政策与法律——国别和制度比较》［M］，武汉大学出版社 2014 年版。

[4] 赵庆寺著：《美国能源法律政策与能源安全》［M］，北京大学出版社 2012 年版。

[5] 吕江著：《气候变化与能源转型：一种法律的语境范式》［M］，法律出版社 2013 年版。

[6] 魏一鸣，吴刚，梁巧梅，廖华等著：《中国能源报告（2012）：能源安全研究》［M］，科学出版社 2012 年版。

[7] 杨解君主编：《美洲国家能源法概论》［M］，世界图书出版广东有限公司 2013 年版。

[8] 杨解君主编：《欧洲能源法概论》［M］，世界图书出版广东有限公司 2012 年版。

[9] 黄振中，赵秋雁，潭柏平，廖诗评著：《国际能源法律制度研究》

［M］，法律出版社 2012 年版。

［10］ 陈泉生，郑艺群，黄辉等著：《环境法哲学》［M］，中国法制出版社 2012 年版。

［11］ 胡德胜著：《美国能源法律与政策》［M］，郑州大学出版社 2010 年版。

［12］ 程荃著：《欧盟新能源法律与政策研究》［M］，武汉大学出版社 2012 年版。

［13］ 赵爽著：《能源法律制度生态化研究》［M］，法律出版社 2010 年版。

［14］ 程惠尔主编：《能源词典》［M］，化学工业书社 2011 年版。

［15］ 王曦主编：《国际环境法与比较环境法评论》［M］，法律出版社 2002 年版。

［16］ 周珂著：《应对气候变化的环境法律思考》［M］，中国知识产权出版 社 2014 年版。

［17］ 史军著：《自然与道德：气候变化的伦理追问》［M］，科学出版社 2014 年版。

［18］ 王文革著：《中国节能法律制度研究》［M］，法律出版社 2008 年版。

［19］ 李传轩等著：《气候变化与环境法理论与实践》［M］，法律出版社 2011 年版。

［20］ 黄振中，赵秋雁，谭柏平著：《中国能源法学》［M］，法律出版社 2009 年版。

［21］ 曾文革编著：《应对全球气候变化能力建设法制保障研究》［M］，重 庆大学出版社 2012 年版。

［22］ 张剑波著：《低碳经济法律制度研究》［M］，中国政法大学出版社 2013 年版。

［23］ 桑东莉著：《气候变化与能源政策法律制度比较研究》［M］，法律出 版社 2013 年版。

[24] 李兴锋著：《温室气体排放总量控制立法研究》［M］，中国政法大学出版社 2015 年版。

[25] 王曦主编：《国际环境法资料选编》［M］，民主与建设出版社 1999 年版。

[26] 国家发展计划委员会编：《能源宪章条约（条约、贸易修正案及相关文件）》［M］，中国电力出版社 2000 年版。

[27] 肖乾刚，魏宗琪编著：《能源法教程》［M］，法律出版社 1998 年版。

[28] 汪劲著：《环境法律的理念与价值追求》［M］，法律出版社 2000 年版。

[29] 胡静著：《环境法的正当性和制度选择》［M］，知识产权出版社 2009 年版。

[30] ［美］乔治·恩德利著：《中国和欧盟环境法的比较》［M］，吕文珍等编译，上海交通大学出版社 1999 年版。

[31] ［美］约瑟夫·P. 托梅因，理查德·D. 卡达希著：《美国能源法》［M］，万少廷译，法律出版社 2008 年版。

[32] ［美］维托·斯泰格利埃诺著：《美国能源政策：〈历史、过程与博弈〉》［M］，郑世高，刘晓青，孙旭东译，石油工业出版社 2008 年版。

[33] ［英］艾琳·麦克哈格，［新西兰］巴里·巴顿，［澳］阿德里安·布拉德布鲁克，［澳］李·戈登主编：《能源与自然资源中的财产和法律》［M］，胡德胜，魏铁军等译，北京大学出版社 2014 年版。

[34] ［美］埃里克·波斯纳，戴维·韦斯巴赫著：《气候变化的正义》［M］，李智，张键译，社会科学文献出版社 2011 年版。

[35] ［哥伦］安德烈斯·卡拉，［美］迈克尔·伊科诺米季斯著：《美国的盲点：查韦斯、石油和美国安全》［M］，李东超等译，中国经济出版社 2013 年版。

[36]　[英] 迈克尔·S. 诺斯科特著:《气候伦理》[M]，左高山，唐艳枚，龙运杰译，社会科学文献出版社 2010 年版。

[37]　[美] 霍华德·格尔勒著:《能源革命 通向可持续发展未来的政策》[M]，刘显法，代存峰，吴施勤译，中国环境科学出版社 2006 年版。

[38]　[美] 威廉·诺德豪斯著:《平衡问题 全球变暖政策选择的权衡》[M]，梁小民译，东方出版社 2020 年版。

[39]　于文轩著:《石油天然气法研究:以应对气候变化为背景》[M]，中国政法大学出版社 2014 年版。

[40]　莫神星编著:《节能减排机制法律政策研究》[M]，中国时代经济出版社 2008 年版。

[41]　江泽民著:《中国能源问题研究》[M]，上海大学出版社 2008 年版。

[42]　范丹著:《基于低碳经济发展的中国能源效率研究》[M]，中国社会科学出版社 2014 年版。

[43]　张建伟，蒋小翼，何娟著:《气候变化应对法律问题研究》[M]，中国环境科学出版社 2010 年版。

[44]　庄贵阳著:《低碳经济:气候变化背景下中国的发展之路》[M]，气象出版社 2007 年版。

[45]　王文革，莫神星主编:《能源法》[M]，法律出版社 2014 年版。

[46]　中国工程院，中国科学院，美国国家工程院，美国国家研究理事会主编:《能源前景与城市空气污染:中美两国所面临的挑战》[M]，中国环境科学出版社 2008 年版。

[47]　卫德佳主编:《石油天然气法律制度研究》[M]，石油工业出版社 2010 年版。

[48]　陈贻键著:《气候正义论——气候变化法律中的正义原理和制度构建》[M]，中国政法大学出版社 2014 年版。

[49]　阎政著:《美国核法律与国家能源政策》[M]，北京大学出版社 2006

年版。

[50] 张辉著：《美国环境法研究》［M］，中国民主法制出版社 2015 年版。

[51] 杨翠柏主编：《国际能源法与国别能源法》［M］，四川出版集团巴蜀书社 2009 年版。

[52] 廖建凯著：《我国气候变化立法研究：以减缓、适应及其综合为路径》［M］，中国检察出版社 2012 年版。

[53] 龚向前著：《气候变化背景下能源法的变革》［M］，中国民主法制出版社 2008 年版。

[54] 王元忠，李雪宇编著：《合同能源管理及相关节能服务法律实务》［M］，中国法制出版社 2012 年版。

[55] 林卫斌，方敏著：《能源管理体制比较与研究》［M］，商务印书馆 2013 年版。

[56] 张勇著：《能源立法中生态环境保护制度建构》［M］，上海人民出版社 2013 年版。

[57] 陈臻主编：《能源与环境法律政策新观察》［M］，法律出版社 2014 年版。

[58] 周德群，查冬兰，周鹏等著：《中国能源效率研究》［M］，科学出版社 2012 年版。

[59] 斯科特 . L. 蒙哥马利著：《全球能源大趋势》［M］，宋阳，姜文波译，机械工业出版社 2013 年版。

[60] 国家经济贸易委员会资源节约与综合利用司编：《提高我国能源效率的战略研究》，中国电力出版社 2001 年版。

[61] 于文轩主编：《环境资源与能源法评论（第 2 辑）：应对气候变化与能源转型的法治保障》［M］，中国政法大学出版社 2017 年版。

[62] 吕江著：《能源革命与制度建构：以欧美新能源立法的制度设计为视角》［M］，知识产权出版社 2017 年版。

[63] 詹姆斯·L. 斯威尼著：《能源效率：建立清洁、安全的经济体系》[M]，清华四川能源互联网研究院译，中国电力出版社 2017 年版。

[64] 文绪武著：《能源革命背景下中国能源管制法律问题研究》[M]，浙江大学出版社 2018 年版。

[65] 肖国兴，叶荣泗主编：《中国能源法研究报告 2008》[M]，法律出版社 2009 年版。

[66] 肖国兴，叶荣泗主编：《中国能源法研究报告 2009》[M]，法律出版社 2010 年版。

[67] 中国法学会能源法研究会编：《中国能源法研究报告 2012》[M]，立信会计出版社 2013 年版。

[68] 中国法学会能源法研究会编：《中国能源法研究报告 2013》[M]，立信会计出版社 2014 年版。

[69] 中国法学会能源法研究会编：《中国能源法研究报告 2015》[M]，立信会计出版社 2016 年版。

[70] 中国法学会能源法研究会编：《中国能源法研究报告 2016》[M]，立信会计出版社 2017 年版。

[71] 中国法学会能源法研究会编：《中国能源法研究报告 2017》[M]，立信会计出版社 2018 年版。

[72] 崔民选，王军生，陈义和主编：《中国能源发展报告（2016）》[M]，社会科学文献出版社 2016 年版。

[73] 法律出版社法规中心：《中华人民共和国能源环境法典》[M]，法律出版社 2013 年版。

[74] 黄冠胜著：《欧盟能效政策法规实用指南》[M]，中国标准出版社 2010 年版。

[75] 周建安编：《日本能效技术法规实用指南》[M]，中国标准出版社 2010 年版。

［76］周举文主编：《美国用能产品能效技术法规实用指南》［M］，中国标准出版社 2009 年版。

［77］李峰主编：《澳大利亚能效政策法规标准实用指南》［M］，中国标准出版社 2013 年版。

［78］蔡家焰，王力舟主编：《新西兰能效政策法规标准实用指南》［M］，中国标准出版社 2013 年版。

［79］法律出版社法规中心编：《中华人民共和国环境法典：应用版》［M］，法律出版社 2015 年版。

［80］中国科学院国际合作局，北京市政府外事办公室编：《诺奖大师纵论能源与环境：2007 诺贝尔奖获得者北京论坛》［M］，科学出版社 2008 年版。

［81］许广月等著：《能源革命与绿色发展：理论阐发和中国实践》［M］，中国经济出版社 2018 年版。

［82］于文轩主编：《可再生能源政策与法律》［M］，中国政法大学出版社 2019 年版。

［83］魏一鸣，廖华等编著：《能源经济学（第三版）》［M］，中国人民大学出版社 2019 年版。

［84］许勤华主编：《中国能源国际合作报告 2017/2018——中国能源国际合作的新格局与新发展》［M］，中国人民大学出版社 2019 年版。

［85］莫神星著：《能源法学》［M］，中国法制出版社 2019 年版。

［86］国务院发展研究中心，壳牌国家有限公司著：《全球能源转型背景下的中国能源革命》［M］，中国发展出版社 2019 年版。

［87］殷雄，谭建生著：《能源资本论：人类文明进步的能量源泉》［M］，中信出版社 2019 年版。

［88］黄晓勇主编：《世界能源发展报告（2021）》［M］，社会科学文献出版社 2020 年版。

［89］王吉春，宋婧著：《中国能源可持续供给法律问题研究》［M］，吉林大学出版社 2020 年版。

［90］杨泽伟主编：《从产业到革命：发达国家新能源法律政策与中国的战略选择》［M］，武汉大学出版社 2020 年第 1 版。

［91］国网能源研究院有限公司编著：《全球能源分析与展望》［M］，中国电力出版社 2020 年版。

［92］［美］理查德·罗兹著：《能源》［M］，刘海翔，甘露译，人民日报出版社 2020 年版。

［93］中华人民共和国国务院新闻办公室：《新时代的中国能源发展》［M］，人民出版社 2020 年版。

［94］国务院发展研究中心资源与环境政策研究所编：《中国能源革命进展报告（2020）》［M］，石油工业出版社 2020 年版。

［95］杜祥婉著：《中国能源战略研究》［M］，科学出版社 2020 年版。

［96］中国科学院数量经济与技术经济研究所"能源转型与能源安全研究"课题组著：《中国能源转型：走向碳中和》［M］，社会科学文献出版社 2021 年版。

［97］林伯强编著：《中国能源发展报告 2021》［M］，科学出版社 2022 年版。

［98］［澳］亚历山大·沃里克，卡罗琳·瓦伊格著：《澳大利亚能源法》［M］，岳小花译，中国政法大学出版社 2021 年版。

［99］周珂等主编：《环境法（第六版）》［M］，中国人民大学出版社 2021 年版。

（二）中文论文类

［1］蔡守秋："论中国的节能减排制度"［J］，载《江苏大学学报（社会科学版）》2012 年第 3 期。

［2］肖国兴："能源效率与法律制度的理性选择"［J］，载《环境保护》2005年第12期。

［3］曹明德，刘明明："节能减排的法律对策思考"［J］，载《清华法制论衡》2010年第1期。

［4］史际春，李昌庚："新能源与可再生能源企业市场退出机制"［J］，载《东方法学》2009年第3期。

［5］张梓太："我国《节约能源法》修订的新思维——在理念与制度层面的生成与展开"［J］，载《法学》2007年第2期。

［6］王晓东："能源效率立法之促进：美国的实践"［J］，载《前沿》2008年第10期。

［7］李世祥："能源效率战略与促进国家能源安全研究"［J］，载《中国地质大学学报（社会科学版）》2010年第5期。

［8］李艳芳："论我国《能源法》的制定——兼评《中华人民共和国能源法》（征求意见稿）"［J］，载《法学家》2008年第2期。

［9］曹明德："中国环境资源法、能源法的现在与未来"［J］，载《法学论坛》2006年第2期。

［10］苏苗罕："能源普遍服务的法理与制度研究"［J］，载《法治研究》2007年第10期。

［11］程荃："新能源视角下欧盟2011年节能与能效立法评析"［J］，载《湖南师范大学学报》2012年第4期。

［12］陶伦康，鄢本凤："节能减排立法的伦理基础"［J］，载《昆明理工大学学报（社会科学版）》2009年第5期。

［13］陶伦康："节能减排立法的生态伦理：人本和谐主义"［J］，载《西部法学评论》2010年第4期。

［14］夏少敏，郝凌燕："欧盟《生态设计指令》对完善我国节能减排法律法规体系的借鉴意义"［J］，载《法治研究》2008年第6期。

［15］赵宝庆，袁钰姣："我国能效监管法律制度的现状及问题分析"［J］，载《华北电力大学学报（社会科学版）》2011 年第 4 期。

［16］王亚军，李传轩："论节约能源法律中的市场化机制"［J］，载《科技与法律》2007 年第 5 期。

［17］张冰："论能源管网输送定价的立法规制"［J］，载《科技与法律》2010 年第 1 期。

［18］杨华："《中华人民共和国节约能源法》理论研讨会会议综述"［J］，载《科技与法律》2004 年第 1 期。

［19］张绍鸿，曾凡银，尤建新："建立健全节能减排法律法规体系"［J］，载《科技与法律》2010 年第 4 期。

［20］王明远："'看得见的手'为中国可再生能源产业撑起一片亮丽的天空？——基于《中华人民共和国可再生能源法》的分析"［J］，载《现代法学》2007 年第 6 期。

［21］杜康平："中国清洁能源国内规范不构成'可诉补贴'析——以中美风能争议为例"［J］，载《西部法学评论》2012 年第 3 期。

［22］吕江："英国低碳能源法律政策的演变、特点及其启示"［J］，载《武大国际法评论》2011 年第 2 期。

［23］杨泽伟："欧盟能源法律与政策及其对中国的启示"［J］，载《武大国际法评论》2007 年第 2 期。

［24］郑佳宁："从行政管理到综合管理：我国能源管理的模式变革"［J］，载《行政法学研究》2010 年第 3 期。

［25］陶巧玲："略论美国〈清洁能源与安全法案〉及其对排污权交易体系的影响"［J］，载《金融服务法评论》2011 年第 1 期。

［26］程荃："欧盟第三次能源改革方案及其对中国的启示"［J］，载《暨南学报（哲学社会科学版）》2011 年第 5 期。

［27］曹明德，马洪超："中国合同能源管理的法律与政策分析"［J］，载

《华东政法大学学报》2011 年第 6 期。

[28] 陈海嵩："德国能源供需政策及能源法研究"［J］，载《法治研究》2009 年第 4 期。

[29] 孙佑海："能源立法——实现能源安全的有力保障"［J］，载《法学杂志》2007 年第 5 期。

[30] 吕江："欧盟能源安全的困境及其出路"［J］，载《武大国际法评论》2010 年第 1 期。

[31] 杨洪："论《能源宪章条约》中的环境规范"［J］，载《法学评论》2007 年第 3 期。

[32] 吕江："社会秩序规则二元观与新能源立法的制度性设计——以英国《2010 年能源法》为例"［J］，载《法学评论》2011 年第 6 期。

[33] 吴志忠："日本能源安全的政策、法律及其对中国的启示"［J］，载《法学评论》2008 年第 3 期。

[34] 卜一："一九八六年日本能源法研究所研究计划"［J］，载《中外法学》1986 年第 6 期。

[35] 于文轩："美国能源安全立法及其对我国的借鉴意义"［J］，载《中国政法大学学报》2011 年第 6 期。

[36] 黄伟，吴三燕，郭文晓："2007 年'中国能源安全问题研究——法律与政策分析'国际研讨会综述"［J］，载《法学评论》2007 年第 6 期。

[37] 罗丽："日本能源政策动向及能源法研究"［J］，载《法学论坛》2007 年第 1 期。

[38] 张勇，黄晓华："我国能源安全战略的法律选择"［J］，载《河北法学》2008 年第 8 期。

[39] 李扬勇："论我国能源安全法律制度的构建"［J］，载《甘肃政法学院学报》2008 年第 2 期。

［40］谭柏平，黄振中："论我国能源法的四项基本原则"［J］，载《中外能源》2010 年第 8 期。

［41］Ines Härtel："能源效率法——一个新兴法学学科的演进"［J］，赵鑫鑫译，载《中国政法大学学报》2012 年第 6 期。

［42］魏楚，沈满洪："能源效率研究发展及趋势：一个综述"［J］，载《浙江大学学报（人文社会科学版）》2009 年第 3 期。

［43］李晓婧，荣丹萍："简评《能源宪章条约》中有关能源效率和环境保护的条款"［J］，载《今日科苑》2007 年第 14 期。

［44］赵浩君："欧盟《能源效率行动计划》探析"［J］，载《华北电力大学学报（社会科学版）》2007 年第 4 期。

［45］李克荣，刘武朝："对完善中国能效标识管理立法的几点思考"［J］，载《河北学刊》2009 年第 3 期。

［46］龚向前："美国能源需求方管理之法律政策及其借鉴意义"［J］，载《海南大学学报（人文社会科学版）》2008 年第 5 期。

［47］秦天宝："我国环境保护的国际法律问题研究——以气候变化问题为例"［J］，载《世界经济与政治论坛》2006 年第 2 期。

［48］王谋，潘家华，陈迎："《美国清洁能源与安全法案》的影响及意义"［J］，载《气候变化研究进展》2010 年第 4 期。

［49］汪莉："论行业自治的合法性"［J］，载《理论学刊》2012 年第 11 期。

［50］於世成，杨俊敏："中东地区国家应对气候变化法律与政策之检视"［J］，载《河北法学》2017 年第 7 期。

［51］程荃："中国—欧盟能源合作的法律原则与发展趋势——以《可持续能源安全方案》为视角"［J］，载《暨南学报（哲学社会科学版）》2016 年第 7 期。

［52］肖国兴："再论能源革命与法律革命的维度"［J］，载《中州学刊》

2016 年第 1 期。

[53] 范战平："我国《节约能源法》的制度局限与完善"[J]，载《郑州大学学报（哲学社会科学版）》2016 年第 6 期。

[54] 温建中："日本能源环保政策的成功经验及启示"[J]，载《现代管理科学》2016 年第 3 期

[55] 陈明生："碳税征收提高能源效率的作用机制研究"[J]，载《中国政法大学学报》2017 年第 5 期。

[56] 毛涛："论我国煤炭清洁高效利用的法律政策保障"[J]，载《环境保护》2017 年第 12 期。

[57] 苏苗罕："美国联邦政府'全方位能源战略'评述"[J]，载《中共浙江省委党校学报》2017 年第 5 期。

[58] 宋婧："论能源法律制度的内生性互补与外生性互补"[J]，载《郑州大学学报（哲学社会科学版）》2018 年第 3 期。

[59] 杜群，张琪静："《巴黎协定》后我国温室气体控制规制模式的转变及法律对策"[J]，载《中国地质大学学报（社会科学版）》2021 年第 1 期。

[60] 杨春桃："'美丽中国'背景下能源低碳转型的法律分析"[J]，载《环境保护》2017 年第 24 期。

[61] 王明远，孙雪妍："'能源正义'及其中国化——基于电力法制的分析"[J]，载《中州学刊》2020 年第 1 期。

[62] 胡德胜："中国应该如何对待《能源宪章条约》"[J]，载《政法论丛》2017 年第 6 期。

[63] 张玉东，刘东晓："合同能源管理的实践检视与路径优化——以山东省能源管理合同案件为视角"[J]，载《山东社会科学》2020 年第 7 期。

[64] 常纪文，田丹宇："应对气候变化法的立法探究"[J]，载《中国环

境管理》2021 年第 2 期。

[65] 岳树梅："日本民用核能法律制度创新对中国的启示"[J]，载《法学杂志》2020 年第 2 期。

[66] 刘晶："温室气体减排的法律路径：温室气体和大气污染物协同控制——评《大气污染防治法》第 2 条第 2 款"[J]，载《新疆大学学报（哲学·人文社会科学版）》2019 年第 6 期。

[67] 杨晓锋："能源宪章最新动向：洞察与借鉴"[J]，载《情报杂志》2021 年第 4 期。

[68] 肖国兴："论低碳革命与能源革命的法律实现"[J]，载《南京工业大学学报（社会科学版）》2022 年第 2 期。

[69] 陈志峰："论碳中和背景下我国用能权交易市场规则之完善"[J]，载《北方法学》2022 年第 2 期。

[70] 于文轩："绿色低碳能源促进机制的法典化呈现：一个比较法视角"[J]，载《政法论坛》2022 年第 2 期。

[71] 陈倩："论我国能源法的立法目的——兼评 2020 年《能源法（征求意见稿）》第一条"[J]，载《中国环境管理》2022 年第 1 期。

[72] 许小婵："中东国家应对气候变化法律与政策研究"[J]，载《世界农业》2017 年第 12 期。

[73] 冯存万，乍得·丹莫洛："欧盟气候援助政策：演进、构建及趋势"[J]，载《欧洲研究》2016 年第 2 期。

[74] 潘晓滨："碳中和背景下我国碳市场公众参与法律制度研究"[J]，载《法学杂志》2022 年第 4 期。

[75] 郑少华，张翰林："论双碳目标的法治进路——以气候变化诉讼为视角"[J]，载《江苏大学学报（社会科学版）》2022 年第 4 期。

[76] 宋丽容："'双碳'目标下消耗臭氧层物质与温室气体协同管控的法治路径"[J]，载《江苏大学学报（社会科学版）》2022 年第 4 期。

［77］谢鸿飞："气候变化侵权责任的成立及其障碍"［J］，载《政治与法律》2022 年第 7 期。

［78］刘晓菲："'净零排放'目标下海运减排法律机制的协同性及对海洋法发展的展望"［J］，载《中国海商法研究》2022 年第 2 期。

［79］王壮壮，鲍铭言："国家气候治理能力研究：概念、要素与评估"［J］，载《国际论坛》2022 年第 4 期。

［80］王雨荣："人类命运共同体在气候治理中的国际法意义"［J］，载《北京航空航天大学学报（社会科学版）》2022 年第 4 期。

［81］赵斌，谢淑敏："'气候新政 2.0'：拜登执政以来中美气候政治竞合"［J］，载《西安交通大学学报（社会科学版）》2022 年第 4 期。

［82］徐以祥，刘继琛："论碳达峰碳中和的法律制度构建"［J］，载《中国地质大学学报（社会科学版）》2022 年第 3 期。

［83］李静，柯坚："价值与功能之间：碳达峰碳中和目标下我国能源法的转型重构"［J］，载《江苏大学学报（社会科学版）》2022 年第 3 期。

［84］冯帅："多边气候条约中遵约机制的转型——基于'京都—巴黎'进程的分析"［J］，载《太平洋学报》2022 年第 4 期。

［85］张慧智，邢梦如："后巴黎时代的全球气候治理：新挑战、新思路与中国方案"［J］，载《国际观察》2022 年第 2 期。

［86］梁平，潘帅："'碳中和'愿景下应对气候变化法律体系的完善"［J］，载《重庆社会科学》2022 年第 4 期。

［87］于文轩，胡泽弘："'双碳'目标下的法律政策协同与法制因应——基于法政策学的视角"［J］，载《中国人口·资源与环境》2022 年第 4 期。

［88］徐祥民："环境利益的享有者和维护者——气候变化防治法建设的视角"［J］，载《中国法律评论》2022 年第 2 期。

[89] 赵玉意："气候变化'小多边主义'法治研究"[J]，载《国际经济法学刊》2022 年第 2 期。

[90] 刘志仁："论'双碳'背景下中国碳排放管理的法治化路径"[J]，载《法律科学（西北政法大学学报）》2022 年第 3 期。

[91] 柳华文："'双碳'目标及其实施的国际法解读"[J]，载《北京大学学报（哲学社会科学版）》2022 年第 2 期。

[92] 王社坤："论我国碳评价制度的构建"[J]，载《北方法学》2022 年第 2 期。

[93] 周天军，陈晓龙："《巴黎协定》温控目标下未来碳排放空间的准确估算问题辨析"[J]，载《中国科学院院刊》2022 年第 2 期。

[94] 于宏源，李坤海："全球气候治理的混合格局和中国参与"[J]，载《欧洲研究》2022 年第 1 期。

[95] 秦天宝："整体系统观下实现碳达峰碳中和目标的法治保障"[J]，载《法律科学（西北政法大学学报）》2022 年第 2 期。

[96] 杨通进："气候正义研究的三个焦点问题"[J]，载《伦理学研究》2022 年第 1 期。

[97] 陈红彦："欧盟碳边境调整机制的合法性考辨及因应"[J]，载《法学》2021 年第 12 期。

[98] 邢捷，董媛媛："气候变化安全风险挑战与我国对策"[J]，载《环境保护》2021 年第 23 期。

[99] 田丹宇，王琪，祝子睿："欧洲应对气候变化立法状况及其经验借鉴"[J]，载《环境保护》2021 年第 20 期。

[100] 黄素梅："气候变化'自下而上'治理模式的优势、实施困境与完善路径"[J]，载《湘潭大学学报（哲学社会科学版）》2021 年第 5 期。

[101] 李志斐，董亮，张海滨："中国参与国际气候治理 30 年回顾"[J]，

载《中国人口·资源与环境》2021 年第 9 期。

[102] 尹仑："传统知识与应对气候变化：内涵、价值与途径"[J]，载《城市与环境研究》2021 年第 2 期。

[103] 于宏源："多利益攸关方参与全球气候治理：进程、动因与路径选择"[J]，载《太平洋学报》2021 年第 2 期。

[104] 王海林，黄晓丹，赵小凡，何建坤："全球气候治理若干关键问题及对策"[J]，载《中国人口·资源与环境》2020 年第 11 期。

[105] 王斯一，吕连宏，罗宏："'十四五'及未来我国应对气候变化目标指向及战略路径研究"[J]，载《环境保护》2020 年第 20 期。

[106] 刘洪岩："2020 后全球气候谈判：新问题、新挑战、新方案"[J]，载《人民论坛》2020 年第 28 期。

[107] 兰莹，秦天宝："《欧洲气候法》：以'气候中和'引领全球行动"[J]，载《环境保护》2020 年第 9 期。

[108] 朱炳成："全球气候治理面临的挑战及其法制应对"[J]，载《中州学刊》2020 年第 4 期。

[109] 易卫中："论后巴黎时代气候变化遵约机制的建构路径及我国的策略"[J]，载《湘潭大学学报（哲学社会科学版）》2020 年第 3 期。

[110] 祝睿，秦鹏："中国碳标识内容规范化的原则与进路"[J]，载《中国人口·资源与环境》2020 年第 2 期。

[111] 王宏岳："全球气候治理的僵局与超越"[J]，载《中国政法大学学报》2020 年第 1 期。

[112] 金哲："日本气候变化适应法制及对我国的启示"[J]，载《环境保护》2019 年第 23 期。

[113] 田丹宇，郑文茹："推进应对气候变化立法进程的思考与建议"[J]，载《环境保护》2019 年第 23 期。

[114] 张庆宇，张雨龙，潘斌斌："新时代背景下中美两国应对全球气候变化的政策思考"[J]，载《国外理论动态》2019 年第 4 期。

[115] 孙承，李建福："美国气候正义：立场变迁与实质辨析"[J]，载《山西大学学报（哲学社会科学版）》2019 年第 2 期。

[116] 冯帅："美国气候政策之调整：本质、影响与中国应对——以特朗普时期为中心"[J]，载《中国科技论坛》2019 年第 2 期。

[117] 于午丁，尹奎杰，李若曦："东北亚气候变化治理中的法律路径探究——以清洁能源合作为视角"[J]，载《东疆学刊》2019 年第 1 期。

[118] 张肖阳："后《巴黎协定》时代气候正义基本共识的达成"[J]，载《中国人民大学学报》2018 年第 6 期。

[119] 巩潇泫："G20 在全球气候治理中的表现分析"[J]，载《东岳论丛》2018 年第 9 期。

[120] 曹明德："完善中国气候变化适应性立法的思考"[J]，载《中州学刊》2018 年第 8 期。

[121] 赵斌："全球气候治理困境及其化解之道——新时代中国外交理念视角"[J]，载《北京理工大学学报（社会科学版）》2018 年第 4 期。

[122] 李昕蕾："治理嵌构：全球气候治理机制复合体的演进逻辑"[J]，载《欧洲研究》2018 年第 2 期。

[123] 陈迎："从波恩会议看国际气候治理的新形势及中国应对"[J]，载《环境保护》2018 年第 3 期。

[124] 康晓："气候变化全球治理的制度竞争——基于欧盟、美国、中国的比较"[J]，载《国际展望》2018 年第 2 期。

[125] 王琦："日本应对气候变化国际环境合作机制评析：非国家行为体的功能"[J]，载《国际论坛》2018 年第 2 期。

[126] 宋蕾："气候政策创新的演变：气候减缓、适应和可持续发展的包容性发展路径"[J]，载《社会科学》2018 年第 3 期。

[127] 李艳芳，田时雨："不确定性与复杂性背景下气候变化风险规制立法"[J]，载《吉林大学社会科学学报》2018 年第 2 期。

[128] 于宏源："特朗普政府气候政策的调整及影响"[J]，载《太平洋学报》2018 年第 1 期。

[129] 冯帅："欧美气候变化能力建设行动进展对我国的影响及其对策"[J]，载《中国软科学》2017 年第 7 期。

[130] 李文俊："当前全球气候治理所面临的困境与前景展望"[J]，载《国际观察》2017 年第 4 期。

[131] 潘晓滨："域外国家应对气候变化地方立法实践及中国借鉴"[J]，载《湖南大学学报（社会科学版）》2017 年第 1 期。

[132] 王慧："美国地方气候变化立法及其启示"[J]，载《中国地质大学学报（社会科学版）》2017 年第 1 期。

[133] 潘晓滨："中国应对气候变化法律体系的构建"[J]，载《南开学报（哲学社会科学版）》2016 年第 6 期。

[134] 于宏源："《巴黎协定》、新的全球气候治理与中国的战略选择"[J]，载《太平洋学报》2016 年第 11 期。

[135] 韦经建，李若曦："促进我国 CDM 项目发展的法律路径"[J]，载《兰州学刊》2016 年第 5 期。

[136] 李海棠："新形势下国际气候治理体系的构建——以《巴黎协定》为视角"[J]，载《中国政法大学学报》2016 年第 3 期。

（三）外文著作类

[1] Adrian J. Bradrook and Richard L. Ottinger（Eds.），Energy Law and Sustainable Development [M]，Cambridge：International Union for Conserva-

tion of Nature and Natural Resources, 2003.

[2] Richard L. Ottinger and Nicholas Robinson, Compendium of Sustainable Energy Laws [M], Cambridge: Cambridge University Press, 2005.

[3] Robert L. Glicksman & David L. Markell (eds.), Environmental Protection Law and Policy [M], New York: Aspen Publishers, 2011.

[4] Donalad D. zillman & Catherine Redgwell (eds.), Beyond the carbon economy: Energy Law in Transition [M], New York: Oxford University Press, 2008.

[5] Karen E. Makuch & Ricardo Pereira, Environmental and Energy Law [M], Oxford: Blackwell Publishing Ltd, 2012.

[6] B. Sudhakara Reddy & Gaudenz B. Assenza (eds.), Energy Law and Climate Change [M], New Delhi: SAGE Publications India Pvt Ltd, 2009.

[7] Zoran Morvaj, Energy Efficiency-A Bridge to Low Carbon Economy [M], Croatia: InTch, 2005.

[8] Rosemary Lyster & Adrian Bradbrook, Energy Law and the Eniivronment [M], Cambridge: Cambridge University Press, 2006.

[9] Paul Stookes, A Practical Approach to Environmental Law [M], Oxford: Oxford University Press, 2005.

[10] Marquina, Antonio (eds.), Energy Security: Visions from Asia and Europe [M], New York: Palgrave Macmillan, 2008.

（四）外文论文类

[1] Peter Fox-Penner, Efficiency and The Public Interest: QF Transmission and The Energy Policy Act of 1992 [J], 14 Energy L. J. 51 (1993).

[2] Veronique Bruggeman, Energy Efficiency as Criterion for Regulation in the European Community [J], 13 Eur Envtl L. Rev. 140 (2004).

[3] Neil Peretz, Growing the Energy Efficiency Market through Third-Party Fi-

nancing ［J］，30 Energy L. J. 377 （2009）.

［4］ Mitsutsugu Hamamoto, Energy Efficiency Regulation and R&D Activity: A Study of the Top Runner Program in Japan ［J］，Low Carbon Economy, Vol. 2 （2011）.

［5］ Noah M. Sachs, Can We Regulate Our Way to Energy Efficiency? Product Standards as Climate Policy ［J］，65 Vand. L. Rev. 1631 （2012）.

［6］ Stuart Bruce, Climate Change Mitigation through Energy Efficiency Law: From International Obligation to Domestic Regulation ［J］，31 J. Energy & Nat. Resource L. 313 （2013）.

［7］ ANN E. Carlson, Energy Efficiency and Federalism ［J］，1 San Diego J. Climate & Energy L. 11 （2009）.

［8］ Dinos Stasinpoulos, New Energy Policy for the United States ［J］，20 J. Energy & Nat. Resource L. 50 （2002）.

［9］ Rachel Clinman and Audrey Cumming, The 2005 Energy Policy Act: Analysis of the Jurisdictional Basis for Federal Siting of LNG Facilities ［J］，2 Tex. J. Oil Gas & Energy 57 （2007）.

［10］ David Nichols, The Role of Regulators: Energy Efficiency ［J］，18 Pace Envtl. L. Rev. 295 （2000-2001）.

［11］ Janusz Lewandowski, Cutting Emissions in the Energy Sector: A Technological and Regulatory Perspective ［J］，4 YARS 83 （2011）.

［12］ Thomas G. Hutton, Toward Better and More Uniform Building Efficiency Codes ［J］，28 Va. Envtl. L. J. 121 （2010）.

［13］ John Briggs, Japanese Official development Assistance and Energy Efficiency Projects ［J］，2 Pac. Rim. L. & Poly J. 289 （1993）.

［14］ Sandra Levine and Katie Kendall, Energy Efficiency and Conservation: Opportunities, Obstacles, and Experiences ［J］，8 Vt. J. Envtl. L. 101

（2006-2007）.

[15] Randall M. Wat, The Law of Green Buildings in Hawaii: Is the Goal of Energy Efficiency Achievable? [J], 14 APLPJ 241 （2012-2013）.

[16] Jr. By L. Preston Bryant, How the Kaine Adminstration is Moving towards a More Sustainable Virginia: Energy Efficiency and Planning, Climate Change Strategiesand Strategic Investment [J], 27 Va. Envtl. L. J. 165 （2009）.

[17] Joanne Hopkins, The Carbon Reduction Commitment Energy Efficiency Scheme: Overview, Rational and Future Challenges [J], 12 Envtl. L. Rev. 211 （2010）.

[18] John C. Derbnbach, Robert B. Mckinstry, Jr., and Darin Lower, Energy Efficiency and Conservation: New Legal Tools and Opportunities [J], 25 Natural Resources & Environment 7 （2010-2011）.

[19] Noah M Sachs, The Limits of Energy Efficiency Markets in Climate Chang Law [J], 2016 U. ILL. L. Rev. 2237 （2016）.

[20] Adrian J. Bradbrook, The Development of a Protocol on Energy Efficiency and Renewable Energy to the United Nations Framework Convention on Climate Change [J], 5 N. Z. J. Envtl. 55 （2001）.

图书在版编目（CIP）数据

气候变化背景下的能源效率法律规制／邵道萍著
. —北京：中国法制出版社，2023.7
ISBN 978-7-5216-3647-5

Ⅰ.①气… Ⅱ.①邵… Ⅲ.①能源效率-能源法-研
究-中国 Ⅳ.①D922. 674

中国国家版本馆 CIP 数据核字（2023）第 114355 号

策划编辑：赵宏
责任编辑：王悦（wangyuefzs@163.com）   封面设计：杨鑫宇

气候变化背景下的能源效率法律规制
QIHOU BIANHUA BEIJINGXIA DE NENGYUAN XIAOLÜ FALÜ GUIZHI

著者/邵道萍
经销/新华书店
印刷/北京虎彩文化传播有限公司
开本/710 毫米×1000 毫米 16 开   印张/ 12.75 字数/ 163 千
版次/2023 年 7 月第 1 版   2023 年 7 月第 1 次印刷

中国法制出版社出版
书号 ISBN 978-7-5216-3647-5   定价：59.00 元

北京市西城区西便门西里甲 16 号西便门办公区
邮政编码：100053   传真：010-63141600
网址：http://www.zgfzs.com   编辑部电话：010-63141831
市场营销部电话：010-63141612   印务部电话：010-63141606

（如有印装质量问题，请与本社印务部联系。）